JN303667

遊んでおぼえる
楽しい**ドイツ語**

辻 ふみえ／ハミル・アキ 著

SANSHUSHA

- ■ 本文中の会話は書き言葉ではなく喋り言葉です。
- ■ 問いかけの後の「 ― 」はその答え、「 ／ 」は前出の答えの別パターンを表します。
- ■ 「 ＊ 」の数が増えるほど会話表現のインパクトが増します。TPOを考慮して楽しく使ってください。

はじめに Vorwort

　自分の知らない土地に行く時はそれがどこであってもまず、「こんにちは」「ありがとう」の言葉を私はいつも調べます。その次は数字かしら。どこの国へ行ってもそこそこ「共通語」としての英語が使えることは便利だけれど、地元の人たちが警戒せずに会話してくれるように場を作っていくのは訪問者である自分の役割なんじゃなかろうかと思っています。それが「ありがとう」レベルの簡単な言葉であってもその土地の言葉を話してその場が和んだケースは数知れず…。

　お堅いイメージのドイツ語とその人々だけど、単純なフレーズ1つで場を柔らかくすることだって全然可能です。例えば、1ミリほど食い込んだ程度の表現、「これおいしいぃ〜！」(Es ist sehr lecker!) をドイツ語で言えた時には、さっきまでむっつり顔だったお店の人も笑顔になることだってあるもの。これホントの話。文法だってなんだってお構いなくとにかく口から言葉を発してみれば、同じ事が体験できるはず。まずはこの本の気に入ったフレーズを1つ、1つだけ暗記して頻繁に使ってみることをお勧めします(特に動物園の章はお勧め)。

　話し言葉はペナルティのないゲームのようなものだと私は思うようにしています。タイトルにある通り、遊び心でもって楽しんでこの本を活用してみて欲しいなと思います。滞在が短期であっても長期であっても、笑顔で人と会話する回数が増えれば思わぬ出会いがそこに待っていると思うから。

辻 ふみえ

目次 Inhalt

Kapitel 1 ようこそベルリンへ 006

- 1-01 ようこそベルリンへ 010
- 1-02 道を尋ねる 018
- 1-03 電車に乗る 022
- 1-04 バス／トラムに乗る 026
- 1-05 レンタカーを借りる 031
- 1-06 ホテルに泊まる 036
- 1-07 インターネットをつなぐ 042

Kapitel 2 ベルリンで暮らす 044

- 2-01 アパートを借りる 046
- 2-02 食事／生活 — 朝 052
- 2-03 食事／生活 — 昼 054
- 2-04 食事／生活 — 夜 056
- 2-05 ゴミを出す 058
- 2-06 電話をする 062
- 2-07 外出する 064
- 2-08 自転車に乗る 066
- 2-09 カフェで 070
- 2-10 レストランで 072
- 2-11 屋台で 076
- 2-12 スーパー／市場で買い物 080
- 2-13 街で買い物 085
- 2-14 花屋で 090
- 2-15 カメラ屋で 092
- 2-16 本屋／キオスクで 096
- 2-17 薬局で 098
- 2-18 病院で — 具合の悪さを伝える 100

Kapitel 3　ベルリンで遊ぶ　106

- 3·01　散歩する　110
- 3·02　動物園で　112
- 3·03　映画館で　118
- 3·04　バーで　120
- 3·05　クラブで　123
- 3·06　パーティーで　128
- 3·07　音楽についての会話　138
- 3·08　けんか　143
- 3·09　あやまる　145
- 3·10　美術を観る　146
- 3·11　舞台を観る　154
- 3·12　観光する　156

ベルリンおすすめmap

- バー&レストラン篇　078
- ショップ篇　088
- クラブ篇　126
- 美術館&ギャラリー篇　152

ようこそベルリンへ

Kapitel **1**

Wilkommen in Berlin ヴィルコメン イン ベアリーン

▶ 旧東ベルリンの目印、
アレックステレビ塔。

Spalte | 空港からベルリンへ ── バスを使って市内へ

　どこの国へ行っても空港到着ロビーに降り立つ瞬間が結構好きです。不思議な緊張感とワクワク感があって。そこからさらに市内へ出て行く時の「旅の始まり！」っていう感じのアドベンチャーっぽい気分も大好き。「間違ったらどうしよう？」「でも乗るしかない！」みたいな問答をしつつバスに乗ったりして。

　ベルリンには3つの空港があるのだけど、どれも市内の中心まで車で30分程度の距離にあります。バスや電車で向かっても全然苦にならない交通網もあるし。日本からの便であればほぼ Tegel（テーゲル）空港に到着するけれど、ここからは1本ひょいとバスに乗れば市内観光も兼ねたバスの旅が楽しめるので、私はバスでテーゲルに行くのが好きです。私が乗る Alexanderplatz（アレクサンダープラッツ）（テレビ塔がある旧東地区）行きのそのバスは途中とてもローカルなエリアを通るので、スーツケースを持ったテーゲルからの人、近所のスーパーの袋を持っている人、ベビーカーを押している人と乗客の顔ぶれもかなりカオス。もし到着する空港が Tegel ならバスで市内へ入ってみて欲しいなと思います。

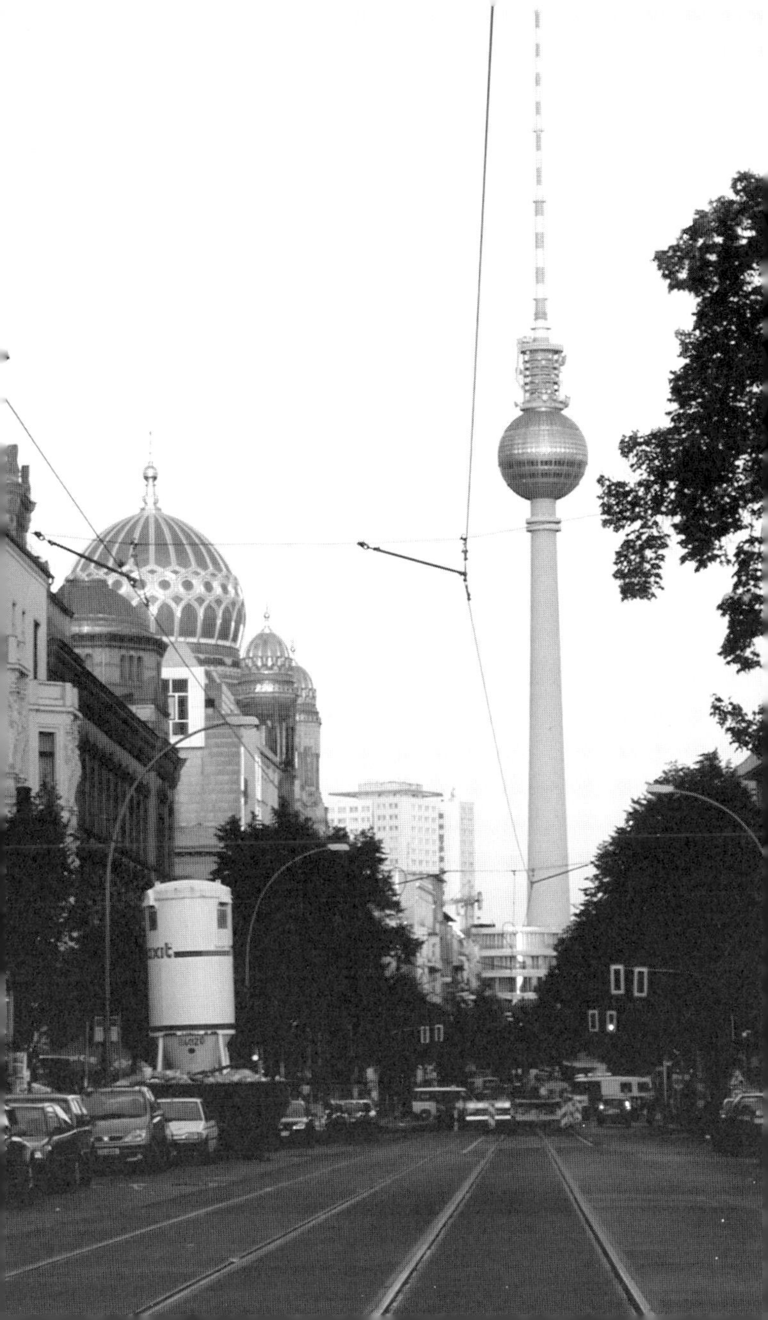
exit

1·01 ようこそベルリンへ
Wilkommen in Berlin ヴィルコメン イン ベアリーン

おはようございます
Guten Morgen.
グーテン モァゲン

こんにちは
Guten Tag. / Hallo. / Tag.
グーテン ターク / ハロー / ターク

こんばんは
Guten Abend. / Abend.
グーテン アーベント / アーベント

ホテルの予約できますか？
Kann ich hier ein Hotelzimmer buchen?
カン イヒ ヒア アイン ホテルツィマー ブーヘン？

―何名で、どのあたりがいいですか？
Für wieviele Personen und wo möchten Sie wohnen?
フュア ヴィフィーレ ペアゾーネン ウント ヴォー モェヒテン ズィー ヴォーネン？

タクシー（バス）乗り場はどこですか？
Wo ist der Taxistand (die Bushaltestelle)?
ヴォー イスト デア タクスィシュタント (ディ ブスハルテシュテレ)？

―あそこです
Dort.***
ドァト

ミッテ（市内）に行きたいんですが
Ich möchte nach Mitte(center) fahren.
イヒ モェヒテ ナハ ミッテ (ツェンター) ファーレン

―バスでアレキサンダープラッツまで行けますよ
Sie können mit dem Bus bis zum Alexanderplatz fahren.
ズィー ケネン ミット デム ブス ビス ツム アレクサンダープラッツ ファーレン

市内までタクシーでいくらですか？
Wieviel kostet es mit dem Taxi nach Mitte zu fahren?
ヴィフィール コステット エス ミット デム タクスィ ナハ ミッテ ツー ファーレン？

―20ユーロくらいです※
Das kostet etwa zwanzig Euro.
ダス コステット エトヴァ ツヴァンツィヒ オイロ

※2003年12月現在 ベルリンテーゲルから市内まで

| ようこそベルリンへ | Kapitel 1

この住所へ行きたいのです
Fahren Sie bitte zu dieser Adresse.
ファーレン ズィー ビッテ ツー ディーザー アドレッセ

―かしこまりました
Gerne.* / Alles Klar.**
ゲァネ／アレス クラー

どれくらいで到着しますか？
Wie lange dauert die Fahrt?
ヴィー ランゲ ダォアート ディ ファールト？

―30分くらいです
Sie dauert etwa dreißig Minuten.
ズィー ダォアート エトヴァ ドライスィヒ ミヌーテン

何時ですか？
Wieviel Uhr ist es?
ヴィフィール ウーァ イスト エス？

―10時です
Es ist zehn Uhr.
エス イスト ツェーン ウーァ

窓開けていいですか？
Darf ich das Fenster öffnen?
ダルフ イヒ ダス フェンスター エフネン？

―暑い（寒い）ですか？
Ist Ihnen warm (kalt)?
イスト イーネン ヴァルム（カルト）？

暖房を切って（つけて）もらってもいいですか？
Können Sie die Heizung abstellen (anstellen)?
ケネン ズィー ディ ハイツング アップシュテレン（アンシュテレン）？

―いいですよ
Gerne.*
ゲァネ

たばこ吸ってもいいですか？
Darf ich hier rauchen?
ダルフ イヒ ヒァ ラオヘン？

―窓を開けてお願いします
Machen Sie dann bitte das Fenster auf.**
マッヘン ズィー ダン ビッテ ダス フェンスター アオフ

011

お気を付けて
Alles Gute.* / Mach's gut! ***
アレス グーテ／マハス グート！

―ありがとうございます。良い一日(晩)を！
Danke schön. Schönen Tag (Abend) noch!
ダンケ シェーン シェーネン ターク (アーベント) ノッホ！

ありがとう、そちらも！
Danke, gleichfalls!
ダンケ, グライヒファルス！

ベルリンのどこが好きですか？
Was mögen Sie an Berlin?
ヴァス モェーゲン ズィー アン ベァリーン？

―公園かな
Ich mag den Park.
イヒ マーク デン パルク

／ヴァッサートゥルムにいいバーがありますよ
In Wasserturm gibt es eine gute Bar.
イン ヴァッサートゥルム ギープト エス アイネ グーテ バー

さぁ、着きましたよ
So, wir sind da.
ゾー, ヴィア ズィント ダー

―え？ 間違いないですか？
Wirklich?
ヴィアクリッヒ？

／ここでOKです
Hier ist OK.
ヒア イスト オーケー

よいご旅行を
Gute Reise.
グーテ ライゼ

―ありがとうございます
Danke schön.
ダンケ シェーン

―どういたしまして
Bitte schön.
ビッテ シェーン

| ようこそベルリンへ | Kapitel 1

料金合ってる？
Stimmt der Preis?
シュティムト デア プライス？

——当然！（合ってるよ）
Natürlich!!!
ナテューアリヒ！

お釣りは取っておいて
Stimmt so.
シュティムト ゾー

——ありがとう
Danke.
ダンケ

／気前いいね！
Sie sind sehr nett!
ズィー ズィント ゼア ネット！

| Spalte | タクシー —— 外国人運ちゃんとの触合い

　ドイツ語を少し覚えたけど実践の場がないなぁと思っていた頃、日本から友人が来ました。空港まで迎えに行った時に家までタクシーに乗って帰ったのだけれど、これは面白かった。ドイツ人以外の運転手だった上に、都合上助手席に座ったのだけれどドイツ語が結構通じたんです！

　もちろん、文法的に言えば間違いたくさんの私のドイツ語だったとは思うけど、学校外で会話がちゃんと展開していったあの経験は結構気分が良いものでした。お互い外国人ということも手伝って、理解しようという歩みよりが普通よりも強く働く感じ。

　この話を嬉しそうにドイツ人に話すと「なんでまた運ちゃんなのよぉ～？」みたいな半ばあきれた反応をされることもしばしばあるけど、ドイツ語初級者の人には良い勢いをくれると思うから、この本に載っているフレーズを実践してみるにはタクシーの運転手さんはお勧めのお話し相手だと私は思います。

Wörter | 空港で auf dem Flughafen アオフ デム フルークハーフェン

● 両替 Geld wechseln ゲルト ヴェクセルン ● 両替レート der Wechselkurs デア ヴェクセルクルス ● 紙幣 der Geldschein(-e) デア ゲルトシャイン ● 硬貨 die Münze(-n) ディ ミュンツェ ● 現金 das Bargeld ダス バーゲルト ● 空港 der Flughafen デア フルークハーフェン ● 国際線 der Auslandsflug デア アオスランツフルーク ● 国内線 der Inlandsflug デア インランツフルーク ● 搭乗券 die Bordkarte ディ ボアトカルテ ● 搭乗口 der Flugsteig デア フルークシュタイク ● 入国 die Einreise ディ アインライゼ ● 出国 die Ausreise ディ アオスライゼ ● 出発 die Abfahrt ディ アップファールト ● 到着 die Ankunft ディ アンクンフト ● 遅延 die Verspätung ディ フェアシュペートゥング ● 入口 der Eingang デア アインガング ● 出口 der Ausgang デア アオスガング ● 男性用 Herren ヘレン ● 女性用 Damen ダーメン ● 禁煙 Rauchen verboten ラオヘン フェアボーテン ● パスポート der Pass / der Reisepass デア パス／デア ライゼパス ● 税関 das Zollamt ダス ツォルアムト ● 姓 der Familienname デア ファミーリエンナーメ ● 名前 der Vorname デア フォアナーメ ● 国籍 die Staatsangehörigkeit ディ シュターツアンゲヘーリッヒカイト ● 生年月日 das Geburtsdatum ダス ゲブゥアツダートゥーム ● 仕事 der Beruf デア ベルーフ ● 旅券番号 die Passnummer ディ パスヌマー ● 危険 die Gefahr ディ ゲファール ● 禁止 verboten フェアボーテン ● 故障 Ausser Betrieb アオサー ベトリーブ ● タクシー乗り場 der Taxistand デア タクスィシュタント ● バス乗り場 die Bushaltestelle ディ ブスハルテシュテレ ● 電話ボックス die Telefonzelle ディ テレフォーンツェレ ● 飛行機 das Flugzeug ダス フルークツオイク ● 離陸 der Abflug デア アップフルーク ● 着陸 die Landung ディ ランドゥング ● ステュワーデス die Stewardess ディ ステュワーデス ● ステュワード der Steward デア ステュワート ● 座席番号 die Platznummer ディ プラッツヌマー ● トイレ die Toilette ディ トアレッテ ● 使用中 besetzt ベゼット ● 空き frei フライ ● 押す drücken ドゥリュッケン ● 引く ziehen ツィーエン ● 毛布 die Decke ディ デック ● まくら、クッション das Kissen ダス キッセン ● ヘッドフォン der Kopfhörer デア コプフヘーラァ ● 飲み物 die Getränke (pl.) ディ ゲトレンケ ● 水 das Wasser ダス ヴァッサー ● 時差 der Zeitunterschied デア ツァイトウンターシート ● 時差ぼけ das Jetlag ダス ジェットラグ ● 現地時間 die Ortszeit ディ オァツツァイト ● 非常口 der Notausgang デア ノートアウスガング

DIE ZEIT

| Wörter | 時間/月/曜日 Zeit/Monat/Wochentag ツァイト・モーナット・ヴォッヘンターク |

● 時間 die Zeit ディ ツァイト ● 朝(7時〜10時) der Morgen デア モァゲン ● 午前(10時〜12時) der Vormittag デア フォアミッターク ● 昼/正午 der Mittag デア ミッターク ● 午後(15時〜18時) der Nachmittag デア ナハミッターク ● 夕方(18時〜21時) der Abend デア アーベント ● 夜(21時〜) die Nacht ディ ナハト ● 月 der Monat デア モーナット ● 1月 Januar ヤヌアール ● 2月 Februar フェブルアール ● 3月 März メァツ ● 4月 April アプリル ● 5月 Mai マイ ● 6月 Juni ユーニ ● 7月 Juli ユーリ ● 8月 August アオグスト ● 9月 September ゼプテンバー ● 10月 Oktober オクトーバー ● 11月 November ノヴェンバー ● 12月 Dezember デツェンバー ● 曜日 der Wochentag デア ヴォッヘンターク ● 月曜日 Mo=Montag モンターク ● 火曜日 Di=Dienstag ディーンスターク ● 水曜日 Mi=Mittwoch ミットヴォッホ ● 木曜日 Do=Donnerstag ドナースターク ● 金曜日 Fr=Freitag フライターク ● 土曜日 Sa=Samstag / So=Sonnabend ザムスターク / ゾンアーベント (＊ベルリンでもほぼ"Samstag"が使われているけれど、まだ"Sonnabend"を使っている人・場所もあります。) ● 日曜日 So=Sonntag ゾンターク ● 今日 heute ホイテ ● 昨日 gestern ゲスターン ● 明日 morgen モァゲン ● あさって übermorgen ユーバーモァゲン ● おととい vorgestern フォアゲスターン ● 今週 diese Woche ディーゼ ヴォッヘ ● 先週 letzte Woche レッツテ ヴォッヘ ● 来週 nächste Woche ネヒステ ヴォッヘ ● 明朝 morgen früh モァゲン フリュー ● 明晩 morgen Abend モァゲン アーベント

| ようこそベルリンへ | Kapitel 1

1·02 道を尋ねる
Nach dem Weg fragen ナハ デム ヴェーク フラーゲン

地図を買いたいんですが
Ich möchte einen Stadtplan kaufen.
イヒ モェヒテ アイネン シュタットプラン カォフェン

―キオスクか本屋で売ってるよ
Sie können einen am Kiosk oder in der Buchhandlung kaufen.
ズィー コェネン アイネン アム キオスク オーダー イン デア ブーフハンドルング カォフェン

ここへはどう行けばよいですか？
Wie komme ich hier hin?
ヴィー コメ イヒ ヒア ヒン？

―まっすぐ行って次を右（左）よ
Geradeaus und dann nach rechts (links).
グラーデアォス ウント ダン ナハ レヒツ（リンクス）

すみません、ブランデンブルク門はどこですか？
Entschuldigung, wo ist das Brandenburger Tor?
エントシュルディグング, ヴォー イスト ダス ブランデンブルガー トーア？

―100番バスに乗るといいよ
Sie können einfach mit dem Bus Nr.100 dort hinfahren.
ズィー コェネン アインファッハ ミット デム ブス ヌマー アイン フンダート ドァト ヒンファーレン

ここから歩いたら何分くらいかかりますか？
Wie lange geht man zu Fuss?
ヴィー ランゲ ゲート マン ツー フース？

―歩くの？ 遠いよ！
Gehen Sie zu Fuss? Das ist sehr weit!
ゲーエン ズィー ツー フース？ ダス イスト ゼア ヴァイト！

／20分かな
Etwa zwanzig Minuten.
エトヴァ ツヴァンツィヒ ミヌーテン

／電車のほうが早いですよ
Mit dem Zug sind Sie schneller.
ミット デム ツーク ズィント ズィー シュネラー

オラニエンブルガー通りはどこですか？
Wo ist die Oranienburger Straße?
ヴォー イスト ディ オラニエンブルガー シュトラーセ？

―ここだよ ／3本先の道だよ
Hier. / Sie ist drei Straßen weiter.
ヒア／ズィー イスト ドライ シュトラーセン ヴァイター

| ようこそベルリンへ | Kapitel 1

ミッテはどの方向ですか?
Wo geht es nach Mitte?
ヴォー ゲート エス ナハ ミッテ?

—あのビルの裏辺りだけど
Hinter diesem Gebäude.
ヒンター ティーゼム ゲボイデ

U2が走り去るプレンツラウアーベルクエリア。

| Spalte | Uバーンナビ ── ベルリン交通事情 vol.1 |

　ベルリンのS-bahn(エスバーン)、U-bahn(ウーバーン)ネットは機能的にもとても充実しているけれどU-bahnの車体やそれぞれの駅のホームも個性があって楽しめます。個人的にはU7(ウーズィーベン)の西側へ向かう電車のホームがとても好きだけれど、U2(ウーツヴァイ)も捨てがたい。何故かと言うとU2には「鉄っちゃん」がいるのです。

　日本で言う鉄道オタクのその中年の男性は決まってU2の東側エリアに乗っていて、ドアの傍に車掌のように立っています。彼は車内アナウンスよりも一足早く、正しく次の停車駅と乗換え案内をプロフェッショナリズムに満ちた大きな声で教えてくれます。時たま彼独特のユーモアに彼自身にやけながら…。でもここでもう一つ面白いのが、同じ車両に居る乗客と彼との間に（彼も実は乗客なのだけど）コミュニケーションが発生するところ。例えば、乗客のうちの一人が立ち上がって壁や天井に貼ってある路線図を見ていると、彼が寄ってきて同じくプロフェッショナリズムに満ちた正確なアドバイスをしてくれます。普通そこで客の反応としては「無視」または「冷たい一瞥」のような気がするのだけれど、この場合その客は「Danke!」とにっこり挨拶。たまにそこからさらに突っ込んだ鉄道トークになっていくこともあるくらい。ある時なんかは、その話がどういうわけか盛り上がって3,4人の若いグループと一緒に降りちゃったこともありました。（その時、心の中で「まだ仕事中だろぉ～」と叫んだ私。）彼は単なる「鉄っちゃん」以上の愛嬌と密かな人気があると私は思っています。

　今でもホームに入ってくるU2の電車のドアに彼が見えると結構嬉しかったりして。最近は引越しをしたのでもっぱら自転車での移動をしている私だけれど、たまにとっても会いたくなる「鉄っちゃん」は"私のベルリン無名キャラ"の上位に入る人物です。

| ようこそベルリンへ | Kapitel 1

1·03 電車に乗る
Unterhaltung: vor der Reise ウンターハルトゥング：フォア デア ライゼ

切符はどこで買えますか？
Wo kann man eine Fahrkarte kaufen?
ヴォー カン マン アイネ ファールカルテ カオフェン？

―駅のホームです
Auf dem Bahnsteig.
アオフ デム バーンシュタイク

／Sバーンのカウンターです
Am Fahrkartenschalter der S-Bahn.
アム ファールカルテンシャルター デア エスバーン

切符1枚ください
Eine Fahrkarte, bitte.
アイネ ファールカルテ ビッテ

―1回券／1日券／1週間／1ヶ月券がありますよ
Wir haben eine Karte/Tageskarte/Wochenkarte/Monatskarte.
ヴィア ハーベン アイネ カルテ／ターゲスカルテ／ヴォッヘンカルテ／モーナッツカルテ

1回券はいくらですか？
Was kostet eine Karte?
ヴァス コステット アイネ カルテ？

―2.20ユーロで2時間乗れます※
Für zwei Euro zwanzig kann man 2 Sunden fahren.
フュア ツヴァイ オイロ ツヴァンツィヒ カン マン ツヴァイ シュトゥンデン ファーレン

これは何に乗れるチケットですか？
Wofür kann ich diesem Ticket benutzen?
ヴォーフュア カン イヒ ディーゼム ティケット ベヌッツェン？

―市内のすべての乗り物ですよ
Für alle Transportmöglichkeiten innerhalb der Stadt!
フュア アレ トランスポートモェークリヒカイテン インナーハルプ デア シュタット！

それじゃ1日／1週間／1ヶ月券をください
Dann möchte ich eine Tageskarte/Wochenkarte/Monatskarte, bitte.
ダン モェヒテ イヒ アイネ ターゲスカルテ／ヴォッヘンカルテ／モーナッツカルテ、ビッテ

―はいどうぞ！ ホームで日付スタンプを押してくださいね
Bitte schön! Stempeln Sie sie bitte auf dem Bahnsteig ab.
ビッテ シェーン！ シュテンペルン ズィー ズィー ビッテ アオフ デム バーンシュタイク アップ

※2003年12月現在 ベルリン市内にて

Unter den Linden

Sバーンに乗り換えたいんですが
Ich möchte in die S-Bahn umsteigen.
イヒ モェヒテ イン ディ エスバーン ウムシュタイゲン

―階段を上って行けばありますよ
Wenn Sie die Treppe hinaufgehen, da ist sie.
ヴェン ズィー ディ トレッペ ヒナォフゲーェン, ダー イスト ズィー

エレベーターはどこですか?
Wo ist der Aufzug?
ヴォー イスト デア アォフツーク?

―後ろ／前／中央にありますよ
Hinten/Vorne/In der Mitte gibt es einen.
ヒンテン／フォァネ／イン デア ミット ギープト エス アイネン

ハッケシャーマルクトへ行きたいのですが、どこで乗り換えればいいですか?
Ich möchte gerne zum Hackescher Markt.
Wo muss ich umsteigen?
イヒ モェヒテ ゲァネ ツム ハッケシャ マルクト, ヴォー ムス イヒ ウムシュタイゲン?

―3つめのフリードリッヒシュトラーセ駅で乗り換えですよ
Sie müssen nach drei Stationen an der Friedrichstrasse umsteigen.
ズィー ミュッセン ナハ ドライ シュタツィオーネン アン デア フリードリヒシュトラーセ ウムシュタイゲン

終電(始発)は何時ですか?
Wann fährt die letzte (erste) Bahn?
ヴァン フェーァト ディ レツテ (ェァステ) バーン?

―0時30分／4時30分です※
Um 0:30. / Um 4:30.
ウム ハルブ アインス ／ ウム ハルブ フュンフ

え? 乗り遅れちゃった!
Mist! *** Ich habe die letzte Bahn verpasst!
ミスト! イヒ ハーベ ディ レツテ バーン フェァバスト!

―ナイトバス(トラム)がありますよ
Es gibt einen Nachtbus (Tram).
エス ギープト アイネン ナハトブス (トラム)

※平均終電時間は0時30分台、始発は4時台からです。
終電から始発までの間にナイトバス(トラム)が運行されます。
また、金・土はオールナイトで運行される路線もあります。

| ようこそベルリンへ | Kapitel 1

Wörter | 鉄道 die Bahn ティ バーン

● 鉄道 die Bahn ティ バーン ● 大人 Erwachsene エァヴァクセネ ● 子供 das Kind ダス キント ● 駅 der Bahnhof デア バーンホフ ● 片道切符 einfache Fahrkarte アインファッヘ ファールカルテ ● 往復切符 die Rückfahrkarte ティ リュックファールカルテ ● 指定席 reservierter Platz レザァヴィーアタア プラッツ ● 運賃 das Fahrgeld / der Fahrpreis ダス ファールゲルト／デア ファールプライス ● 手荷物預かり所 die Gepäckaufbewahrung ティ ゲベックアオフベヴァールング ● 普通列車 der Personenzug デア ペァゾーネンツーク ● 急行列車 der Schnellzug デア シュネルツーク ● 特急 der Express デア エクスプレス ● コンパートメント das Abteil ダス アップタイル ● 禁煙 das Nichtraucherabteil ダス ニヒトラオハーアップタイル ● 喫煙車 das Raucherabteil ダス ラオハーアップタイル ● 寝台車 der Schlafwagen / der Liegewagen デア シュラーフヴァーゲン／デア リーゲヴァーゲン ● 食堂車 der Speisewagen デア シュパイゼヴァーゲン ● ～番線 das Gleis ダス グライス ● 回送 die Dienstfahrt ティ ディーンストファールト ● 通過 vorbeifahren フォアバイファーレン ● 行き先 die Richtung ティ リヒトゥング ● 区間 die Strecke ティ シュトレッケ

1·04 バス／トラムに乗る
Mit dem Bus/der Tram fahren ミット テム ブス／デア トラム ファーレン

ここはツォー行きのバス停ですか？
Ist das die Bushaltestelle für den Bus zum Zoo?
イスト ダス ディ ブスハルテシュテレ フュア デン ブス ツム ツォー？

―そうですよ
Ja.
ヤー

／ちがいますよ、これは東駅行きです
Nein, diese hier ist Richtung Ostbahnhof.
ナイン、ディーゼ ヒア イスト リヒトゥング オストバーンホフ

このバスはオストバンホフへ行きますか？
Fährt dieser Bus zum Ostbahnhof?
フェーアト ディーザー ブス ツム オストバーンホフ？

―それは隣のバス停です
An der Haltestelle da neben.
アン デア ハルテシュテレ ダー ネーベン

車内で切符を買えますか？
Kann ich das Ticket im Bus kaufen?
カン イヒ ダス ティケット イム ブス カオフェン？

―小銭しか使えませんよ
Sie können nur Kleingeld benutzen.
ズィー コェネン ヌア クラインゲルト ベヌッツェン

オラニエンブルガートア駅で降りたいので教えてください
Können Sie mir an der Haltestelle Oranienburgertor Bescheid sagen?
コェネン ズィー ミア アン デア ハルテシュテレ オラニエンブルガートア ベシャイト ザーゲン？

―もちろん！
Natürlich!
ナテューアリヒ！

つぎ降ります
Ich werde an der nächsten (Haltestelle) aussteigen.
イヒ ヴェァデ アン デア ネヒステン (ハルテシュテレ) アオスシュタイゲン

―手すりのボタンを押すんですよ
Drücken Sie auf den Knopf an der Haltestange.
ドゥリュッケン ズィー アオフ デン クノプフ アン デア ハルテシュタンゲ

| ようこそベルリンへ | Kapitel 1

13 Hohenschönhsn.
Zingster Straße

50 Franz. Buchholz
Guyotstr.

53 Rosenthal
Nord

Haltstelleの頭文字"H"はバス停の目印。

Spalte | バス&トラムは夜遊びの味方── ベルリン交通事情 vol.2

　ベルリンはドイツの首都だけれども、どこか垢抜けないというか、"CAPITAL"という名前をドーンと背負っている風には見えないのが実際の印象。治安もドイツのほかの都市に比べても段違いに良いし、今の東京の方がよっぽどこわーいと、この前帰国した時、日曜のそれも昼間の歌舞伎町を歩いていて思ったほどだもの。

　夜遅く女の人が一人歩きしても比較的安全な地域が中心地のMitte (ミッテ)。ナイトライフとしてはクラブやバーに出かけることはまずメインとしてあるけれど、美術館が22時まで開いている日もあるし、映画のレイトショーは毎日ほとんどの劇場でやっているので私もよく一人で映画を観に行ったりすることがあります。実際の所これらはどれも軽く終電を過ぎてしまうものばかり…。

　でも全然心配なし！ ベルリン (ドイツ) ではNachtbus (ナハトブス)、Nachttram (ナハトトラム) がとても充実しているので！ チケットも夜間料金なんて追加料金を払う必要もなくて、しかも時間通りぴったり来ます。金曜日と土曜日はオールナイトで運行しています。一度レイトショーの帰り道で2回のナイトバスの乗り換えで家路に向かったことがあったけれど、本当にスムーズに時間通りに乗り継ぎができました。乗換え地点のバス停で降りてから、ものの2分もしないうちに向こうから乗り継ぎしたいバスがやってくる感じ。もちろんタクシーで帰ってもそれほど高くはないけれど、お財布と相談が必要な時なんかはこのNachtnetz (ナハトネッツ) (深夜運行網) がとても便利。それに帰りの電車の事をびくびく考えながらだと、せっかくのお出かけも楽しさが半減してしまうなぁと常々思っている私にとって夜遊びの強い味方です。

夜中に行われるトラムの線路清掃隊。火花が花火のようで何だかとても詩的です。

Wörter	街の中 in der Stadt イン デア シュタット

● 道 der Weg / die Straße デア ヴェーク／ディ シュトラーセ ● 並木道 die Allee ディ アレー ● 交差点 die Kreuzung ディ クロイツング ● 信号 das Signal ダス ズィグナール ● 歩道 der Bürgersteig デア ブュルガーシュタイク ● 坂 die Steigung ディ シュタイグング ● 川 der Fluss デア フルス ● 橋 die Brücke ディ ブリュッケ ● 広場 der Platz デア プラッツ ● 公園 der Park デア パルク ● 教会 die Kirche ディ キルヒェ ● 大学 die Hochschule / die Universität ディ ホッホシューレ／ディ ウニヴェアズィテート ● 市場 der Markt デア マルクト ● ビル das Gebäude ダス ゲボイデ ● 警察 die Polizei ディ ポリツァイ ● 郵便局 die Post ディ ポスト ● 動物園 der Zoo デア ツォー ● 図書館 die Bibliothek ディ ビブリオテーク ● 学校 die Schule ディ シューレ ● 美術館 das Museum ダス ムゼーウム ● 記念碑 das Denkmal ダス デンクマール ● 塔 der Turm デア トゥルム ● 停留所 die Haltestelle ディ ハルテシュテレ ● 建築 die Architectur ディ アルヒテクトゥーア ● 工事現場 die Baustelle ディ バオシュテレ ● 方向 die Richtung ディ リヒトゥング ● まっすぐ geradeaus グラーデアォス ● 右／左 rechts / links レヒツ／リンクス ● 前／後ろ vorwärts / rückwärts フォアヴェアツ／リュックヴェアツ ● こちら／あちら hier / dort ヒァ／ドァト

| ようこそベルリンへ | Kapitel 1

1·05 レンタカーを借りる
Autovermietung アォトーフェアミートゥング

車を借りたいのですが
Ich möchte ein Auto mieten.
イヒ モェヒテ アイン アォトー ミーテン

―どんなタイプですか？
Was für eins?
ヴァス フュア アインス？

／何日ですか？
Für wieviele Tage?
フュア ヴィフィーレ ターゲ？

オートマ車がいいです
Ich möchte ein Auto mit Automatik(schaltung).
イヒ モェヒテ アイン アォトー ミット アォトマーティク (シャルトゥング)

―本日はもうオートマ車はありません
Das haben wir heute leider nicht mehr.
ダス ハーベン ヴィア ホイテ ライダー ニヒト メア

料金表はありますか？
Gibt es (Haben Sie) eine Preisliste?
ギープト エス (ハーベン ズィー) アイネ プライスリステ？

これを一日貸してください
Ich möchte dieses Auto einen Tag mieten.
イヒ モェヒテ ディーゼス アォトー アイネン ターク ミーテン

―半日なら大丈夫です
Sie können es nur für einen halben Tag mieten.
ズィー コェネン エス ヌア フュア アイネン ハルベン ターク ミーテン

サインをお願いします
Bitte unterschreiben Sie.
ビッテ ウンターシュライベン ズィー

保険に入りたいのですが（自動車事故保険）
Ich möchte eine Versicherung abschliessen.
イヒ モェヒテ アイネ フェアズィッヒェルング アップシュリーセン

ガソリン代も込みですか？
Ist Benzin inbegriffen? / Ist Benzin inklusive?
イスト ベンツィーン インベグリッフェン？／イスト ベンツィーン インクルズィーヴェ？

―あとで清算します
Wir rechnen das später ab.
ヴィア レヒネン ダス シュペーター アップ

031

ガソリンを入れてもらえますか？
Könnten Sie bitte den Ölstand kontrollieren?
コェテン ズィー ビッテ デン エールシュタント コントロリーレン？

他の都市で乗り捨てできますか？
Können wir den Wagen in einer anderen Stadt abgeben?
コェンネン ヴィア デン ヴァーゲン イン アイナー アンデレン シュタット アップゲーベン？

——こちらへ戻してください
Bitte bringen Sie das Auto hierhin zurück.
ビッテ ブリンゲン ズィー ダス アオトー ヒアヒン ツリュック

事故の場合の連絡先を教えてください
Bitte geben Sie mir die Nummer der Notrufzentrale.
ビッテ ゲーベン ズィー ミァ ディ ヌマー デア ノートルーフツェントラーレ

故障しました！
Das Auto ist kaputt!
ダス アオトー イスト カプット！

——どこの故障ですか？
Wo?
ヴォー？

事故にあいました！
Wir hatten einen Unfall.
ヴィア ハッテン アイネン ウンファル

——ケガはないですか？
Sind Sie verletzt?
ズィント ズィー フェアレッツト？

／今どこですか？
Wo sind Sie jetzt?
ヴォー ズィント ズィー イェツト？

| ようこそベルリンへ | Kapitel 1

Spalte | レンタカー事情 — ベルリーナーの味方 Robben&Wientjes

　ベルリンの壁が崩れた当時、大勢の人が東ベルリンから西へ、まさに堰を切るように人が流れていったそうです。東ドイツは共産圏だったから国民の所有物は最小限に制限されていて、テレビを買うのにも車を買うのにも、予約して10年待ってやっと手に入るかというほどでした。このようにモノを得ることに制約があったので、当時車を持っている人なんてもちろん限られた人達でした。

　そこで、その頃スタートしたレンタカー会社が Robben&Wientjes。彼等は時間当り2.5ユーロから格安に車を貸すことで一躍ベルリン移動組の人気者になったそうです。時間単位で手ごろに借りられるので、今でも引越しやフリーマーケットで買い物した家具のちょっとした運搬等々に重宝されています。ベルリンの街を歩いていれば、オットセーが目印のRobben&Wientjesの車をきっと目にするはずですよ。

Wörter	車 das Auto ダス アオトー

● ガソリン das Benzin ダス ベンツィーン ● オイル das Öl ダス エール ● ガソリンスタンド die Tankstelle ディ タンクシュテレ ● 満タン voll フォル ● シートベルト der Sicherheitsgurt デア ズィッヒャァハイツグァト ● ハンドル das Lenkrad ダス レンクラート ● ブレーキ die Bremse ディ ブレムゼ ● サイドブレーキ die Handbremse ディ ハントブレムゼ ● アクセル das Gaspedal ダス ガスペダール ● クラクション die Hupe ディ フーペ ● 方向指示機 der Blinker デア ブリンカー ● クラッチ die Kupplung ディ クップルング ● ライト das Licht ダス リヒト ● ダッシュボード das Handschuhfach ダス ハントシューファッハ ● トランク der Kofferraum デア コッファーラォム ● バッテリー die Batterie ディ バテリィー ● タイヤ der Reifen デア ライフェン ● エアコン die Klimaanlage ディ クリーマアンラーゲ ● 国際免許 ein internationaler Führerschein アイン インターナツィオナーラー フューラーシャイン ● バックミラー der Rückspiegel デア リュックシュピーゲル ● サイドミラー der Seitenspiegel デア ザイテンシュピーゲル ● 道路地図 die Straßenkarte ディ シュトラーセンカルテ ● 通行止め die Straßensperre ディ シュトラーセンシュペレ ● 駐車禁止 das Parkverbot ダス パルクフェアボート ● 一方通行 die Einbahnstraße ディ アインバーンシュトラーセ ● 高速道路 die Autobahn ディ アオトバーン ● 駐車場 der Parkplatz デア パルクプラッツ ● サービスエリア der Rastplatz デア ラストプラッツ ● ナンバープレート das Nummernschild ダス ヌマーンシルト ● 日本車 das japanische Auto ダス ヤパーニッシェ アオトー ● ドイツ車 das deutche Auto ダス ドイチェ アオトー ● イタリア車 das italienische Auto ダス イタリエーニッシェ アオトー

| ようこそベルリンへ | Kapitel 1

旧東ドイツ車、トラバント。

1·06 ホテルに泊まる
Hotel ホテル

予約してあります
Ich habe ein Zimmer reserviert.
イヒ ハーベ アイン ツィマー レゼァヴィーアト

―お名前は?
Wie heißen Sie?
ヴィー ハイセン ズィー?

―私の名前はXXXです
Ich heiße XXX.
イヒ ハイセ XXX

シングルルーム(ツイン)をお願いします
Ich hätte gerne ein Einzel(Doppel)zimmer.
イヒ ヘッテ ゲァネ アイン アインツェル(ドッペル)ツィマー

今夜大人2人泊まれますか?
Haben Sie zwei Einzelzimmer?
ハーベン ズィー ツヴァイ アインツェルツィマー?

―ダブルルームならあります
Wir haben noch ein Doppelzimmer frei.
ヴィア ハーベン ノッホ アイン ドッペルツィマー フライ

お風呂(シャワー)付きの部屋お願いします
Ich möchte ein Zimmer mit Bad(Dusche).
イヒ モェヒテ アイン ツィマー ミット バート(ドゥーシェ)

台所のある部屋はありますか?
Haben Sie ein Zimmer mit Küche?
ハーベン ズィー アイン ツィマー ミット キュッヒェ?

―明日からなら空きますが
Ab morgen ist eins frei.
アップ モァゲン イスト アインス フライ

1泊いくらですか?
Wieviel kostet das Zimmer für eine Nacht?
ヴィフィール コステット ダス ツィマー フュア アイネ ナハト?

―XXXユーロです
Es kostet XXX Euro.
エス コステット XXX オイロ

長期滞在の割引はありますか?
Gibt es eine Ermäßigung, wenn man länger bleibt?
ギープト エス アイネ エァメースィグング, ヴェン マン レンガー ブライプト?

| ようこそベルリンへ | Kapitel 1

朝食はつきますか?
Ist Frühstück inklusive?
イスト フリューシュテュック インクルズィーヴェ?

―こちらが朝食券です / 朝食ビュッフェがあります
Hier ist die Frühstückskarte. / Es gibt ein Frühstücksbüffet.
ヒア イスト ディ フリューシュテュックスカルテ / エス ギープト アイン フリューシュテュックスビュフェット

もっと安い部屋はありますか?
Haben Sie billigere Zimmer?
ハーベン ズィー ビリゲレ ツィマー?

―これが一番安い部屋です
Das ist am billigsten.
ダス イスト アム ビリヒステン

今、チェックインできますか?
Kann ich es sofort haben?
カン イヒ エス ゾフォアト ハーベン?

―午後からならできます
Ab heute Nachmittag können Sie es haben.
アップ ホイテ ナハミッターク コェネン ズィー エス ハーベン

チェックアウトは何時ですか?
Bis wann muss ich auschecken?
ビス ヴァン ムス イヒ アォスチェッケン?

―12時です
Bis zwölf Uhr.
ビス ツヴェルフ ウーア

電話の使い方を教えてください
Könnten Sie mir erklären, wie das Telefon funktioniert?
コェンテン ズィー ミア エアクレーレン, ヴィー ダス テレフォーン フンクツィォニーアト?

―テレホンカードを買ってください
Bitte besorgen Sie sich eine Telefonkarte.
ビッテ ベゾァゲン ズィー ズィヒ アイネ テレフォーンカルテ

いい部屋ですね
Das ist ein schönes Zimmer.
ダス イスト アイン シェーネス ツィマー

―気に入りましたか?
Finden Sie es gut?
フィンデン ズィー エス グート?

お湯が出ません
Es gibt kein heißes Wasser.
エス ギープト カイン ハイセス ヴァッサー

―何号室ですか？ すぐに行きます
Welche Zimmernummer haben Sie? Wir kommen gleich.
ヴェルヒェ ツィマーヌマー ハーベン ズィー？ ヴィア コメン グライヒ

部屋が寒いのですが
In meinem Zimmer ist es kalt.
イン マイネム ツィマー イスト エス カルト

―係りに伝えます
Ich werde dem Handwerker Bescheid sagen.
イヒ ヴェァデ デム ハントヴェァカー ベシャイト ザーゲン

毛布をもう一枚もらえますか？
Kann ich ein zusätzliches Bettuch haben?
カン イヒ アイン ツーゼッツリヒェス ベットトゥーフ ハーベン？

―すぐ持っていきますよ
Ich bringe gleich eins.
イヒ ブリンゲ グライヒ アインス

一日延長してもいいですか？
Können wir einen Tag länger bleiben?
コェネン ヴィア アイネン ターク レンガー ブライベン？

―いいですよ
Sicher.
ズィッヒャー

／すみません、次の予約があります
Tut mir leid, das Zimmer ist schon reserviert.
トゥート ミア ライト, ダス ツィマー イスト ショーン レゼァヴィーアト

今日は遅くなります
Ich komme heute später.
イヒ コメ ホイテ シュペーター

―何時に戻られますか？
Wann kommen Sie zurück?
ヴァン コメン ズィー ツリュック？

1

Spalte | 宿泊の楽しみ ― 朝食ビュッフェ

　意外と出不精な私は、ベルリンに来てからこの4年間というもの、ベルリンの外へ出かけていったことがあまりありません。なので、私のドイツホテルを利用する機会は少ないのだけど、不思議と朝食ビュッフェが部屋の間取りよりも気になるし、いつも記憶に残っている気がします（単なる食いしん坊？！）。パン好き、シリアル好きの私にとって、朝食ビュッフェはニコニコの一時。ドイツはパンの平均点が高いのでシンプルにバター、チーズ、レタスなんかで食べたって結構いけちゃいます。ドイツの食文化もちろっと垣間見れるし、ドイツ初日はとりあえずホテルに泊まって朝食ビュッフェなんてのも良いスタートかも知れないなぁ。

Wörter | ホテル das Hotel ダス ホテル

- フロント der Empfang / die Rezeption デア エンプファング／ディ レツェプツィオーン
- メイド das Zimmermädchen ダス ツィマーメートヒェン
- ロビー die Vorhalle / das Foyer ディ フォアハレ／ダス フォアイェー
- エレベーター der Aufzug デア アゥフツーク
- 窓 das Fenster ダス フェンスター
- 1人部屋 das Einzelzimmer ダス アインツェルツィマー
- 2人部屋 das Doppelzimmer ダス ドッペルツィマー
- お風呂 das Bad / das Badezimmer ダス バート／ダス バーデツィマー
- シャワー die Dusche ディ ドゥーシェ
- トイレ die Toilette ディ トアレッテ
- 暖房 die Heizung ディ ハイツング
- 冷房 die Klimaanlage ディ クリーマアンラーゲ
- 灰皿 der Aschenbecher デア アッシェンベッヒャー
- タオル das Handtuch ダス ハントトゥーフ
- 石鹸 die Seife ディ ザイフェ
- 歯ブラシ die Zahnbürste ディ ツァーンビュルステ
- 歯磨粉 die Zahnpasta ディ ツァーンパスタ
- 電気(照明) das Licht ダス リヒト
- 宿泊客 der Gast デア ガスト
- 前金 die Anzahlung ディ アンツァールング
- 予約 die Reservierung ディ レゼァヴィールング
- 電話 das Telefon ダス テレフォーン
- 鍵 der Schlüssel デア シュリュッセル
- コンセント die Steckdose ディ シュテックドーゼ
- クローゼット der Kleiderschrank デア クライダーシュランク
- テレビ der Fernseher デア フェルンゼーアー
- ウールの毛布 die Wolldecke ディ ヴォルデッケ
- ブランケット die Bettdecke ディ ベットデッケ
- 枕 das Kopfkissen ダス コプフキッセン
- シーツ das Bettuch ダス ベットトゥーフ
- 領収書 die Quittung ディ クヴィットゥング
- ミニバー die Hausbar ディ ハオスバー
- ハンガー der Kleiderbügel デア クライダービューゲル

1·07 インターネットをつなぐ
Internetverbindung インターネットフェアヴィンドゥング

部屋でコンピューターをつなぎたいのですが
Ich würde gerne meinen Computer im Raum anschließen.
イヒ ヴュルデ ゲァネ マイネン コンピューター イム ラオム アンシュリーセン

―担当の者に代わります
Ich werde jemanden fragen, der sich darum kümmert.
イヒ ヴェァデ イェーマンデン フラーゲン、デア ズィヒ ダルム キュンメァト

メールをチェックしたいのですが
Ich möchte gerne meine Mail checken.
イヒ モェヒテ ゲァネ マイネ メイル チェッケン

―電話回線を使ってください
Bitte benutzen Sie die Telefonleitung.
ビッテ ベヌッツェン ズィー ディ テレフォーンライトゥング

詳しい方はいらっしゃいますか?
Weiß jemand genau, wie das geht?
ヴァイス イェーマント ゲナォ、ヴィー ダス ゲート?

―ちょうど外出中ですが3時に戻ります
Er (Sie) ist gerade unterwegs, kommt aber um 3 Uhr zurück.
エア (ズィー) イスト ゲラーデ ウンターヴェークス、コムト アーバー ウム ドライ ウーア ツリュック

インターネットカフェがどこにあるかご存知ですか?
Wissen Sie, wo ein Internetcafé ist?
ヴィッセン ズィー、ヴォー アイン インターネットカフェ イスト?

―カスタニエン通りにあります
Es gibt eins in der Kastanienallee.
エス ギープト アインス イン デア カスターニエンアレー

―この辺にはありません
Es gibt hier keine in der Nähe.
エス ギープト ヒア カイネ イン デア ネーエ

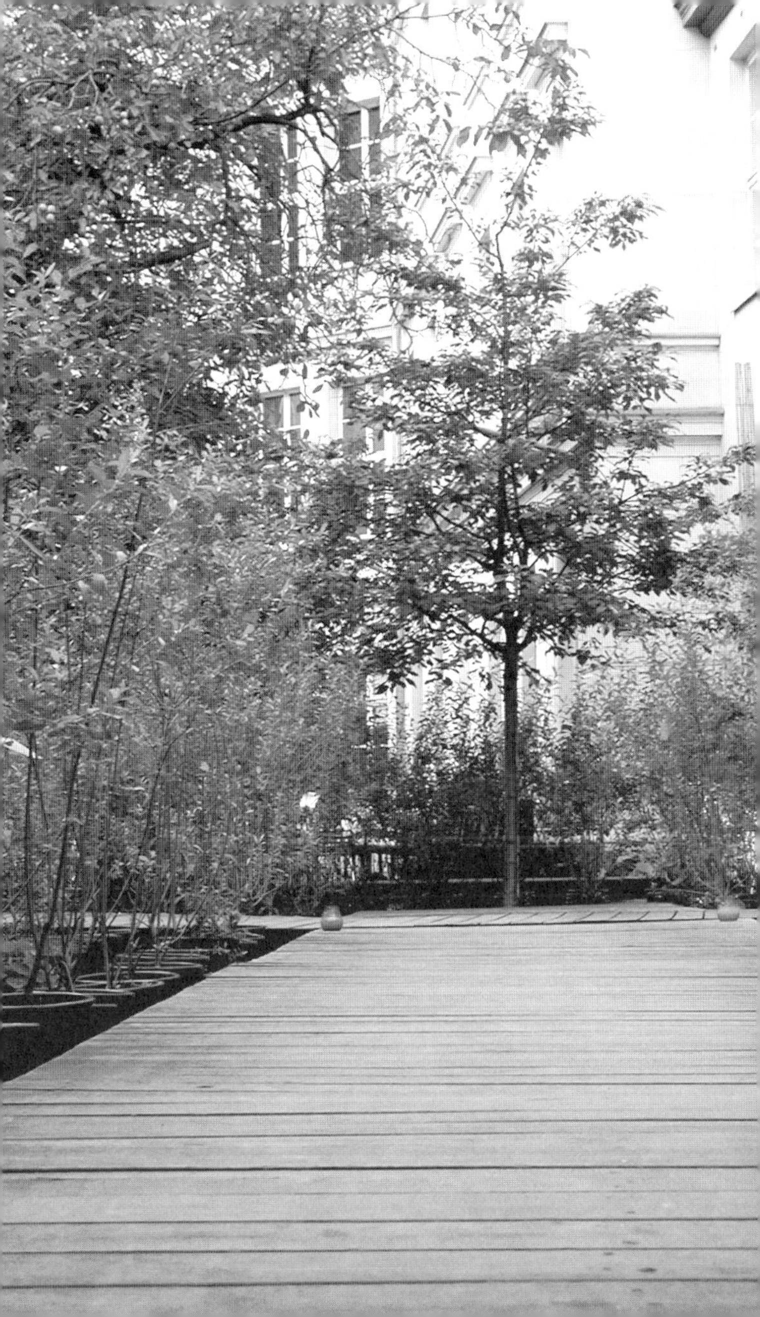

ベルリンで暮らす

Kapitel 2

Leben in Berlin レーベン イン ベァリーン

2·01 アパートを借りる
Ein Zimmer/Apartment mieten アイン ツィマー／アパルトメント ミーテン

1ヶ月借りたいのですが
Ich würde gerne ein Apartment für einen Monat mieten.
イヒ ヴュルデ ゲァネ アイン アパルトメント フュア アイネン モーナット ミーテン

—ご希望はどんなものですか？
Was für eine Wohnung möchten Sie?
ヴァス フュア アイネ ヴォーヌング モェヒテン ズィー？

家具(電話)付きでありますか？
Haben Sie ein möbliertes Zimmer (mit Telefon)?
ハーベン ズィー アイン モェブリーァテス ツィマー (ミット テレフォーン) ？

—予算は？
Wieviel möchten Sie ausgeben?
ヴィフィール モェヒテン ズィー アォスゲーベン？

今すぐ借りたいのですが
Ich möchte es sofort mieten.
イヒ モェヒテ エス ゾフォァト ミーテン

—来週からならあります
Sie können es ab nächster Woche haben.
ズィー コェネン エス アプ ネヒスター ヴォッヘ ハーベン

ミッテがよいのですが
Ich möchte lieber in Mitte wohnen.
イヒ モェヒテ リーバー イン ミッテ ヴォーネン

—人気ですよ。その他の地域はどうですか？
Das ist sehr beliebt. Wie wär's mit einer anderen Gegend?
ダス イスト ゼァ ベリープト。ヴィー ヴェァス ミット アイナー アンデレン ゲーゲント？

ドイツに保証人はいますか？
Haben Sie einen Bürgen in Deutschland?
ハーベン ズィー アイネン ビュルゲン イン ドイチュラント？

学生ですか？
Sind Sie Student(in)?
ズィント ズィー シュトゥデント (シュトゥデンティン) ？

—そうです
Ja, bin ich.
ヤー、ビン イヒ

／ちがいます
Nein, bin ich nicht.
ナイン、ビン イヒ ニヒト

楽器を弾きたいんですが
Ich muss ein Instrument üben.
イヒ ムス アイン インストゥルメント ユーベン

──それは難しいですね
Das wird schwierig.
ダス ヴィルト シュヴィーリヒ

／お隣に聞いてみてください
Fragen Sie Ihren Nachbarn.
フラーゲン ズィー イーレン ナハバーン

どうしますか？
Was machen Sie? / Wie entscheiden Sie sich?
ヴァス マッヘン ズィー？／ヴィー エントシャイデン ズィー ズィヒ？

──ここに決めます
Ich nehme diese Wohnung.
イヒ ネーメ ディーゼ ヴォーヌング

／考えさせてください
Bitte lassen Sie mich noch überlegen.
ビッテ ラッセン ズィー ミヒ ノッホ ユーバーレーゲン

鍵の開け方がわからないのですが
Ich weiß nicht, wie man aufschliesst.
イヒ ヴァイス ニヒト、ヴィー マン アオフシュリースト

──2度回してください
Zweimal rumdrehen.
ツヴァイマル ルムドレーェン

暖房の入れ方を教えてください
Erklären Sie mir, wie man die Heizung anstellt.
エァクレーレン ズィー ミァ、ヴィー マン ディ ハイツング アンシュテルト

──そのボタンを押せばいいんですよ
Drücken Sie diesen Knopf.
ドゥリュッケン ズィー ディーゼン クノプフ

水漏れだ！
Da läuft Wasser aus!
ダー ロイフト ヴァッサー アォス！

インロックしちゃった！
Ich habe die Schlüssel in der Wohnung vergessen!
イヒ ハーベ ディ シュリュッセル イン デア ヴォーヌング フェアゲッセン！

―クソー！
Ach du Scheiße! *****
アッハ ドゥー シャイセ！

スーパーはどこにあるの？
Wo ist ein Supermarkt?
ヴォー イスト アイン ズーパーマルクト？

―駅の隣だよ
Neben dem Bahnhof.
ネーベン デム バーンホフ

Spalte | 手塩にかけたホーム

　ドイツ人は自分の家（部屋）をとても大事にしていると思う。そのことは部屋作りへ費やすエネルギーの大きさを見るとよくわかる。契約が終了、入居が決まるとまずは内装作業。壁や床のペンキ塗りから始まって、棚やキッチン・バスまわりの改装までする人もいるくらい。これは基本的に何を付けても、塗っても、出て行く時に元に戻せばOKという法律があるから可能な話なんだけれど、この自由さに、来た当初は正直戸惑っていました。だって、壁にフックが必要ならドリル、棚を取り付けたいならドリル、ランプをココに付けたいならドリル、ってな具合に、思うように思ったものをどんどん部屋に取り入れていけるんだもの。でも、これが普通の感覚になっていくと楽しくてしょうがない。部屋作りへのイマジネーションが限りなく広がって、家に対する思い入れが変っていくのがわかります。

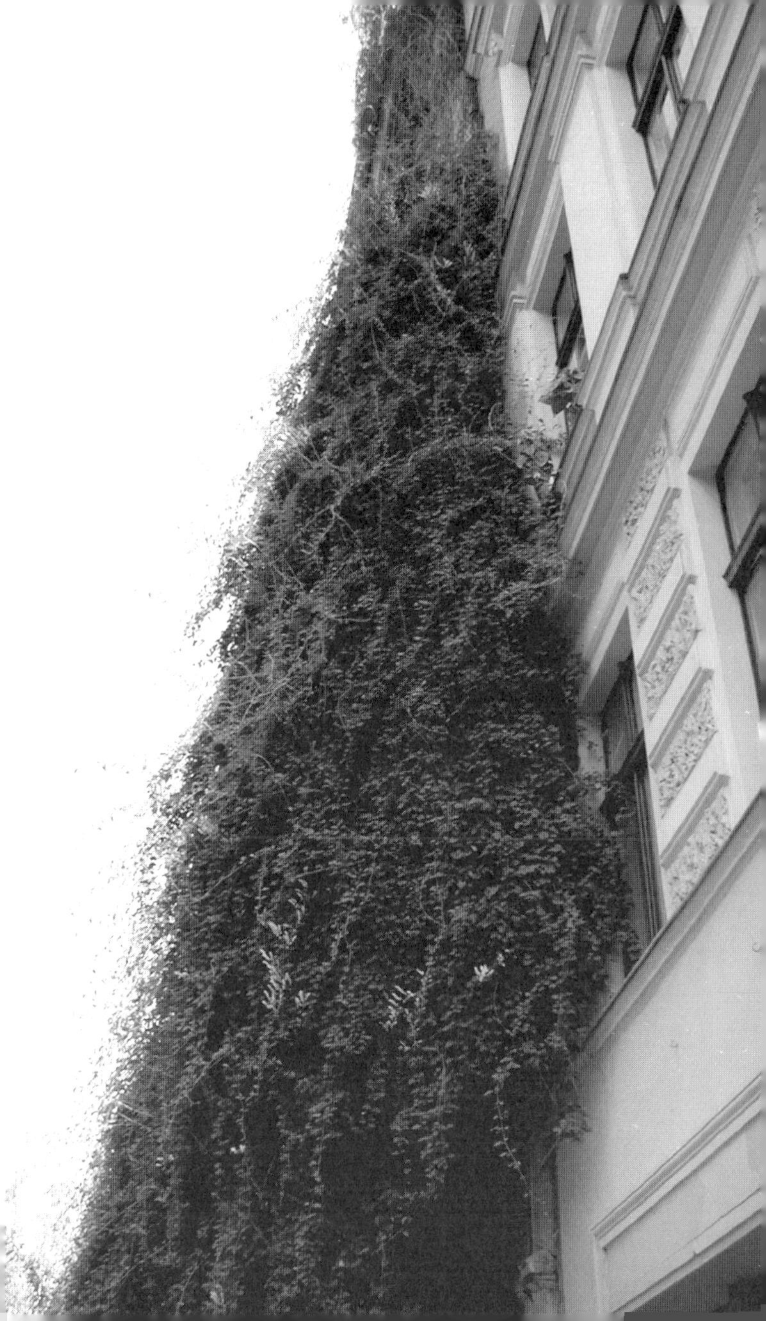

▶ 家探し、ペット探し、レッスンします等々、ベルリンの信号機は大事な掲示板の役割も果たしています。

Wörter | アパート das Apartment ダス アパルトメント

● 中庭 der Hof デア ホーフ ● 階段 die Treppe ディ トレッペ ● 手すり das Geländer ダス グレンダー ● 玄関 der (Haus)Flur デア (ハオス) フルーア ● 台所 die Küche ディ キュッヒェ ● 居間(リビング) das Wohnzimmer ダス ヴォーンツィマー ● 床 der Boden デア ボーデン ● 壁 die Wand ディ ヴァント ● 天上 die Decke ディ デッケ ● ソファー das Sofa ダス ゾーファ ● ベット das Bett ダス ベット ● テーブル der Tisch デア ティッシュ ● 椅子 der Stuhl デア シュトゥール ● 時計 die Uhr ディ ウーア ● カーテン der Vorhang デア フォアハング ● ドア die Tür ディ テューア ● ドアベル die Klingel ディ クリンゲル ● レターボックス der Briefkasten デア ブリーフカステン ● ガス(電気)コンロ der Gas(Elektro)herd デア ガス(エレクトロ)ヘアト ● ランプ die Lampe ディ ランペ ● スイッチ der Schalter デア シャルター ● ボタン der Knopf デア クノップ ● 水道 die Wasserleitung ディ ヴァッサーライトゥング ● ベランダ der Balkon デア バルコーン ● 寝室 das Schlafzimmer ダス シュラーフツィマー ● 客室 das Gästezimmer ダス ゲステツィマー ● アパート die Wohnung ディ ヴォーヌング ● 一戸建て das Haus ダス ハオス ● 居住地 der Wohnsitz ヴォーンズィッツ ● 賃貸契約書 der Mietvertrag デア ミートフェアトラーク

Suc

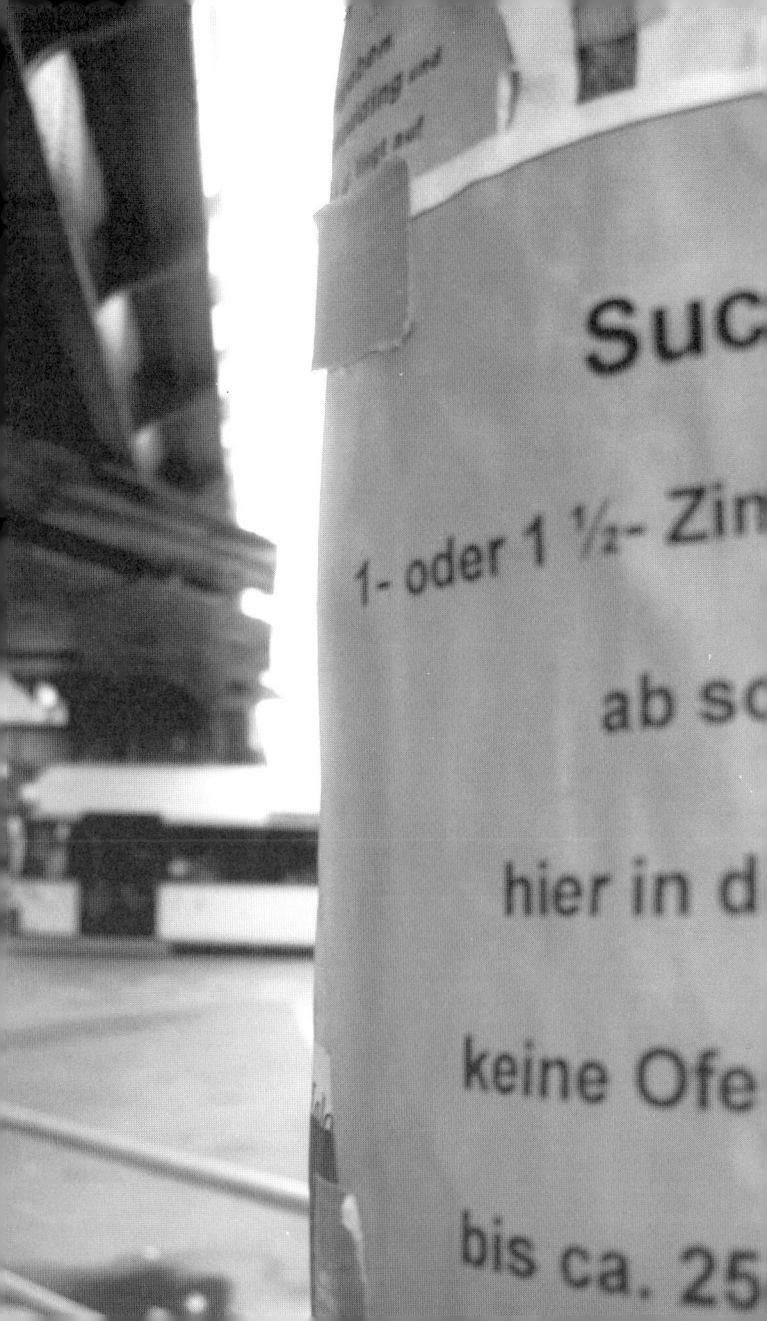

1- oder 1 ½- Zin

ab so

hier in d

keine Ofe

bis ca. 25

2・02 食事／生活 — 朝
Essen, Leben – Morgen エッセン、レーベン – モァゲン

元気？
Wie geht's dir?
ヴィー ゲーツ ディア？

—ちょっと疲れてます
Ich bin ein bisschen müde.
イヒ ビン アイン ビスヒェン ミューデ

よく眠れた？
Hast du gut geschlafen?
ハスト ドゥー グート ゲシュラーフェン？

パン買って来て
Bitte kaufe mir Brötchen!
ビッテ カォフェ ミア ブロェートヒェン！

—今ちょうど焼き上がる時間だ！
Die Brötchen können jetzt fertig sein.
ディ ブロェートヒェン コェネン イェッツト フェアティヒ ザイン

何が欲しい？
Was möchtest du essen?
ヴァス モェヒテスト ドゥー エッセン？

—ドイツっぽいパン／クロワッサン／胚芽パン／バゲットが食べたい！
Ein deutsches Brötchen / ein Croissant /ein Vollkornbrot / ein Baguette!
アイン ドイチェス ブロェートヒェン／アイン クロワッサン／アイン フォルコルンブロート／アイン バゲット

バターとジャムでいい？
Reichen dir Butter und Marmelade?
ライヒェン ディア ブッター ウント マルメラーデ？

—ヨーグルトも食べたい
Ich möchte auch Joghurt!
イヒ モェヒテ アォホ ヨーグァト！

コーヒー入れる？
Willst du einen Kaffee?
ヴィルスト ドゥー アイネン カフェ？

—オレンジジュースでいい
Ich trinke Orangensaft.
イヒ トリンケ オランジェンザフト

／紅茶（ココア）がいいな
Ich möchte lieber Tee (Schokolade / Kakao).
イヒ モェヒテ リーバー テー（ショコラーデ／カカオ）

| ベルリンで暮らす | Kapitel 2

/ ミルクだけでいいよ
 Ich möchte nur Milch.
 イヒ モェヒテ ヌァ ミルヒ

召し上がれ！
Guten Appetit!
グーテン アペティート！

2·03 食事／生活 ― 昼
Essen, Leben – Mittag エッセン、レーベン－ミッターク

掃除しなきゃな
Ich muss aufräumen.
イヒ ムス アオフロイメン

―手伝う?
Brauchst du meine Hilfe?
ブラォホスト ドゥー マイネ ヒルフェ?

／興味なーし!
Ich habe keine Lust.
イヒ ハーベ カイネ ルスト

コインランドリー行かなきゃ
Wir müssen in Waschsalon gehen.
ヴィア ムュッセン イン ヴァッシュザローン ゲーエン

―ジャンケンで決めようよ!
Lass uns Schere-Papier-Stein spielen, um zu entscheiden, wer gehen muss!
ラス ウンス シェーレ-パピーア-シュタイン シュピーレン、ウム ツー エントシャイデン、ヴェァ ゲーエン ムス!

ジャンケンぽん!
Sching, schang, schung!
シン シャン シュン!

―あ〜、負けたぁ
Nein! Ich habe verloren.
ナイン! イヒ ハーベ フェアローレン

買い物行こうかな
Ich gehe einkaufen.
イヒ ゲーエ アインカォフェン

――一緒に行っていい?
Kann ich mitkommen?
カン イヒ ミットコメン?

友達とランチしてくる
Ich gehe mit meinen Freunden Mittagessen.
イヒ ゲーエ ミット マイネン フロインデン ミッタークエッセン

――私もお腹空いたなー
Ich habe auch Hunger.
イヒ ハーベ アォホ フンガー

――一緒に来る?
Kommst du mit?
コムスト ドゥー ミット?

| ベルリンで暮らす | Kapitel 2

何かおやつ買って来て
Kaufst du mir etwas Süßes?
カォフスト ドゥー ミァ エトヴァス ズューセス?

―ケーキでも作る?
Sollen wir einen Kuchen backen?
ゾレン ヴィァ アイネン クーヘン バッケン?

―いいねー!
Gute Idee!
グーテ イデー!

―作り方教えて!
Wie macht man das?
ヴィー マハト マン ダス?

2·04 食事／生活 ── 夜
Essen, Leben – Nacht エッセン, レーベン - ナハト

デリバリーでもとる？
Bestellen wir beim Lieferservice?
ベシュテレン ヴィア バイム リーファーサーヴィス？

──いいねえ
Das klingt gut.
ダス クリンクト グート

外に食べに行こうよ
Gehen wir zum Essen aus?
ゲーエン ヴィア ツム エッセン アォス？

──今日は家にいたいんだけど
Ich würde lieber zuhause bleiben.
イヒ ヴュルデ リーバー ツーハォゼ ブライベン

テレビ見ようよ
Lass uns fernsehen.
ラス ウンス フェルンゼーエン

──今日テレビで「リンデンシュトラーセ」やるよ
Heute läuft "Lindenstraße" im Fernsehen.
ホイテ ロイフト 「リンデンシュトラーセ」 イム フェルンゼーエン

──それ見たかったんだ！
Oh, das möchte ich sehen. / Ich freue mich darauf!
オー, ダス モェヒテ イヒ ゼーエン / イヒ フロイエ ミヒ ダラォフ！

今晩はいろいろと(イベントなど)やってるみたいよ
Heute abend ist viel los.
ホイテ アーベント イスト フィール ロース

──どんな？
Was gibt es denn?
ヴァス ギープト エス デン？

今夜は踊りに行くね
Ich will heute abend Tanzen gehen.
イヒ ヴィル ホイテ アーベント タンツェン ゲーエン

──どこ行くの？
Wohin denn?
ヴォーヒン デン？

| ベルリンで暮らす | Kapitel 2

明日仕事だから寝ようかな
Ich will schlafen. Ich muss morgen arbeiten.
イヒ ヴィル シュラーフェン. イヒ ムス モァゲン アルバイテン

―冗談でしょ?
Machst du Witze?
マハスト ドゥー ヴィッツェ?

／おやすみ〜
Schlaf gut. / Schlaf schön.
シュラーフ グート／シュラーフ シェーン

Spalte | スローなベルリン

　元来のんびり屋の私は喋るのも考えるのも人一倍時間が必要な人。そんなところへ、予期せずして暮らし始めたベルリンは、なんと私のペースで物事動いているではないですか！「お役所仕事」ともなれば、私よりものんびりではないですか！ これには来た当初、本当にびっくりしました。

　まず街中、走っている人がいない。いたとしたらそれはドロボウさんだと言ってもよいくらい。あとは、お店の人。店員同士で「お話し中」のところへ会計や用事でお客が声をかけても、お喋りが一区切りつくまで待たされることだってあります。でも何故かあまり怒っている人は見ません。それは多分、皆たいして急いでないからかしら。

　待ち合わせの時間もかなりアバウト。でもそのアバウトが不思議とオンタイムになってたり。ドイツの首都だということをうっかり忘れてしまうほど、ベルリンはとてもスローなリラックスした街だと私は思います。

2·05 ゴミを出す
Den Müll rausbringen デン ミュル ラォスブリンゲン

ゴミの仕分けを教えて
Erklär mir, wie ich den Abfall trenne.
エァクレーァ ミァ, ヴィー イヒ デン アップファル トレネ

―ビンとカンとプラスチック、紙、生ゴミなどに分けます
Du trennst Flaschen, Dosen, Kunstsstoff, Papier und Biomüll.
ドゥー トレンスト フラッシェン, ドーゼン, クンストシュトフ, パピーァ ウント ビオミュル

このゴミどこに運ばれるの？
Wo wird der Müll denn hingebracht?
ヴォー ヴィルト デァ ミュル デン ヒンゲブラハト？

―良い質問だ
Ummm, gute Frage.
ンー, グーテ フラーゲ

これってリサイクルゴミ？
Ist das Recyclingmüll?
イスト ダス リサイクリングミュル

これ外のゴミ置き場に捨てておいて〜
Bringst du bitte den Müll raus?
ブリンクスト ドゥー ビッテ デン ミュル ラォス？

―知ーらない！
Das ist nicht meine Aufgabe.
ダス イスト ニヒト マイネ アォフガーベ

ちゃんとやれよ！
Mach es gründlich!!
マッハ エス グリュントリッヒ！

―まかせてよ！
Mach dir deswegen keine Sorgen!
マッハ ディァ デスヴェーゲン カイネ ゾルゲン！

ゴミ箱も磨いたよ
Ich habe sogar den Mülleimer sauber gemacht.
イヒ ハーベ ゾガー デン ミュルアイマー ザォバー ゲマハト

―やるなー
Cool. / Gut gemacht.
クール / グート ゲマハト

| ベルリンで暮らす | Kapitel 2

これはお金が戻ってくるビンだよ
Du bekommst Pfand für diese Flasche.
ドゥー ベコムスト プファント フュア ディーゼ フラッシェ

――ふ〜ん、なるほどね
Ah, verstehe.
アー、フェアシュテーエ

ヨーグルトのビンもきれいにね
Du musst die Joghurtgläser saubermachen.
ドゥー ムスト ディ ヨーグァトグレーザー ザォバーマッヘン

――当然だよ
Auf jeden Fall!
アォフ イェーデン ファル！

Spalte | やっぱりエコ大国

　日本人にはエコ大国として知られているドイツだけれど、やっぱり公共の場でのゴミ箱の数は充実しているなぁと思う。通常の"くずかご"レベルのものならかなり頻繁に通りで出くわすし、S-bahn（エスバーン）のホームには「紙」「ビン」「缶・プラスチック類」「その他」みたいに4分類されたゴミ箱が必ずある。また、通りにも「茶ビン」「緑ビン」「透明ビン」と色で分類された巨大なゴミ箱も目にする。

　あとは、ラブパレードなんかのお祭り事があると酔っ払いやらが捨てたり落として行ったりしたゴミがメインストリートに散らばって散々な状況になるのだけれど、翌朝の5時頃からすでに清掃隊（本当にそう呼べるくらいシステマチックなチームワークで働く）が掃除を始める。

　こうして改めて挙げていくとやっぱりエコ大国なのねドイツ、と思わずにはいられません。さて、あとはゴミを捨てる人のエコ意識が重要なポイント。でもね、みんなちゃんとやっています。

| ベルリンで暮らす | Kapitel 2

2·06 電話をする
Telefongespräch テレフォーンゲシュプレッヒ

はい、ホフマンです
Hallo, hier ist Hoffman.
ハロー、ヒア イスト ホフマン

―もしもし、ふみえですけどアンドレアいますか?
Hallo, hier ist Fumie. Kann ich mit Andrea sprechen?
ハロー、ヒア イスト フミエ、カン イヒ ミット アンドレア シュプレッヒェン?

今いませんよ
Sie ist nicht da.
ズィー イスト ニヒト ダー

―またかけます
Ich rufe dann später wieder an.
イヒ ルーフェ ダン シュペーター ヴィーダー アン

／何時に戻るかわかりますか?
Wissen Sie, wann sie wieder zurückkommt?
ヴィッセン ズィー、ヴァン ズィー ヴィーダー ツリュックコムト?

間違い電話ですよ
Sie haben sich verwählt.
ズィー ハーベン ズィヒ フェアヴェールト

―あ、ごめんなさい
Oh, entschuldigung.
オー、エントシュルディグング

／え? XXXにかけたんだけど
Wie bitte? Ich habe XXX gewählt.
ヴィー ビッテ? イヒ ハーベ XXX ゲヴェールト

留守番電話≫ただいま留守にしております。ピーという発信音の後にメッセージをどうぞ。
Ich bin nicht zuhause -
bitte hinterlassen Sie eine Nachricht nach dem Signalton.
イヒ ビン ニヒト ツーハオゼ - ビッテ ヒンターラッセン ズィー アイネ ナハリヒト ナハ デム ズィグナールトーン

| ベルリンで暮らす | Kapitel 2

ドイツの公衆電話。

2·07 外出する
Ausgehen アォスゲーエン

今日は何しようか？
Was machen wir heute?
ヴァス マッヘン ヴィア ホイテ？

―出かける？
Gehen wir aus?
ゲーエン ヴィア アォス？

―どこに？
Wohin?
ヴォーヒン？

―じゃあ美術館行こうか？
Dann können wir doch ins Museum gehen?
ダン コェネン ヴィア ドッホ インス ムゼーウム ゲーエン？

映画に行こうかな
Ich will ins Kino.
イヒ ヴィル インス キーノ

―楽しんで！
Viel Spaß!
フィール シュパース！

散歩行かない？
Gehen wir spazieren?
ゲーエン ヴィア シュパツィーレン？

―上着持って行った方がいいよ
Nimm deine Jacke mit!
ニム ダイネ ヤッケ ミット！

プール行ってくるね
Ich gehe ins Schwimmbad.
イヒ ゲーエ インス シュヴィムバート！

―湖に行く方が良くない？
Sollen wir nicht lieber an den See fahren?
ゾレン ヴィア ニヒト リーバー アン テン ゼー ファーレン？

デート行ってきます
Ich habe ein Date.
イヒ ハーベ アイン ディト

―うそでしょ！誰と？
Quatsch! Mit wem?
クヴァッチュ！ミット ヴェーム？

| ベルリンで暮らす | Kapitel 2

この近くに美味しいレストランある?
Weißt du ein gutes Restaurant in der Nähe?
ヴァイスト ドゥー アイン グーテス レストラーン イン デア ネーエ?

—何が食べたいの?
Was möchtest du denn essen?
ヴァス モェヒテスト ドゥー デン エッセン?

昔ながらの郵便局。非常にレトロだけど面影はあります。

2·08 自転車に乗る
Mit dem Fahrrad fahren ミット デム ファーラート ファーレン

自転車道を歩かないでください！
Nicht auf dem Radweg gehen!
ニヒト アオフ デム ラートヴェーク ゲーエン！

―知らなかったの〜、ごめんなさい！
Das wusste ich nicht, tut mir leid!
ダス ヴステ イヒ ニヒト、トゥート ミア ライト！

飛ばし過ぎよ
Du fährst zu schnell.
ドゥー フェーアスト ツー シュネル

―これ以上ゆっくり走れないわよ
Ich kann nicht langsamer fahren.
イヒ カン ニヒト ラングザーマー ファーレン

歩道に出ないでよ！
Kommen Sie nicht auf den Fußweg!
コメン ズィー ニヒト アオフ デン フースヴェーク！

二人乗りしようよ
Lass uns zu zweit fahren!
ラス ウンス ツー ツヴァイト ファーレン！

―あ、おまわりさんだ！
Achtung, die Polizei kommt!
アハトゥング、ディ ポリツァイ コムト！

鍵をかけてね
Schließ es ab!
シュリース エス アップ！

―了解！
Alles klar! **
アレス クラー！

チェーン外れた
Die Kette ist abgesprungen.
ディ ケッテ イスト アップゲシュプルンゲン

―なおせる？
Kannst du das reparieren / Kannst du das in Ordnung bringen?
カンスト ドゥー ダス レパリーレン／カンスト ドゥー ダス イン オルドヌング ブリンゲン？

／笑える！／ボロだね〜！
Das ist lustig. / Dein Rad ist Schrott!
ダス イスト ルスティヒ／ダイン ラート イスト シュロット！

▶ 旧東ベルリンの信号機。悲しいかな徐々に新型に取り替えられるみたいです。

OSSE

Spalte｜人の足！自転車の足！

　ベルリンは山のない平坦な土地のため自転車での移動がとても楽ちん。街全体も自転車のことを考えられて作られています。自転車用道路がその1つの例。歩行者を気にせず、車におびえずのびのび走れます。電車での移動も長距離には便利だけれど、例えば湖など少し遠出をする時には駅から目的地のことを考えて自転車を持っていくのが結構ポピュラーだし、単純にMitte（ミッテ）からKreuzberg（クロイツベルク）へ移動する時に自転車を電車に乗り入れて行くこともここベルリンでは日常です。

　それだけ人の足として活躍している自転車だから、自転車にこだわりを持ってお金をかける人は沢山います。中には中古車1台買えるくらいの立派なチャリンコに乗っている人もいるほど。そんな人が自分の後ろをこいでいる日には"悔しくなるくらいの無音"で横を追い越されることもよくあります。「さ———っ」っとクリーンな音を立てながら颯爽と前方へ走り抜けていくスーパーハイテクなチャリを見ていると本当に羨ましーくなるものです。

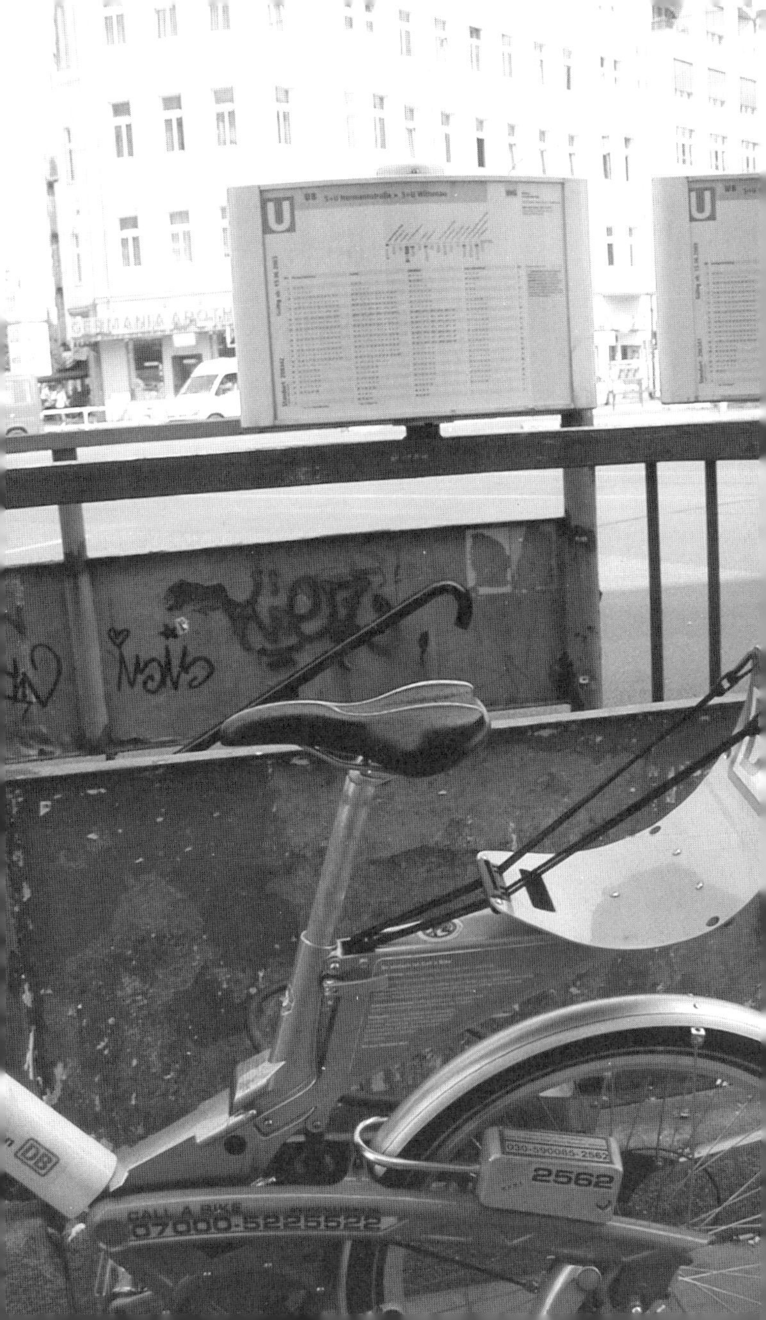
U
DB
CALL A BIKE
07000-5225522
030-590085-2562
2562

2·09 カフェで
Im Café イム カフェー

いらっしゃい、メニューいりますか？
Hallo, möchten Sie die Karte?
ハロー、モェヒテン ズィー ディー カルテ？

―今日のケーキは何ですか？
Was haben Sie heute für Kuchen?
ヴァス ハーベン ズィー ホイテ フュア クーヘン？

アップルケーキとチーズケーキです
Apfeltorte und Käsekuchen.
アプフェルトルテ ウント ケーゼクーヘン

―それいい感じ、それじゃ、アップルケーキを生クリーム付きで
Das klingt gut. Dann möchte ich gerne Apfeltorte mit Sahne, bitte.
ダス クリンクト グート、ダン モェヒテ イヒ ゲァネ アプフェルトルテ ミット ザーネ、ビッテ

何か飲み物は？
Möchten Sie auch etwas trinken?
モェヒテン ズィー アオホ エトヴァス トリンケン？

―カフェオレ／カプチーノ／紅茶ください
Ich hätte gerne einen Milchkaffee/einen Capuccino/eine Tee.
イヒ ヘッテ ゲァネ アイネン ミルヒカフェ／アイネン カプチーノ／アイネ テー

トイレはどこですか？
Wo ist denn die Toilette?
ヴォー イスト デン ディー トアレッテ？

―この下です、カウンターの横の階段を降りて行けばあります
Unten, wenn Sie die Treppe neben der Theke runtergehen.
ウンテン、ヴェン ズィー ディー トレッペ ネーベン デア テーケ ルンターゲーエン

KOMBINI

Frische Säfte

Kaffee Latte

Cappuccino

Soja-Latte

Milchshake's

Croissant's

2·10 レストランで
Im Restaurant イム レストラーン

この席あいてますか？
Ist dieser Tisch noch frei?
イスト ディーザー ティッシュ ノッホ フライ？

まだ食事はできますか？
Können wir noch etwas essen?
コェネン ヴィア ノッホ エトヴァス エッセン？

―あいにくキッチンをもう閉めてしまいました
Es tut mir leid. Die Küche ist schon geschlossen.
エス トゥート ミア ライト, ディ キュッヒェ イスト ショーン ゲシュロッセン

7人が座れる場所はありますか？
Haben Sie einen Tisch für sieben Personen?
ハーベン ズィー アイネン ティッシュ フュア ズィーベン ペァゾーネン？

―あいにく満席です
Wir haben leider keinen Platz.
ヴィア ハーベン ライダー カイネン プラッツ

この辺に座ってもいいですか？
Können wir uns hierhin setzen?
コェネン ヴィア ウンス ヒアヒン ゼッツェン？

―お好きな所に座ってください
Bitte nehmen Sie Platz.
ビッテ ネーメン ズィー プラッツ

今日のランチは何ですか？
Haben Sie eine Tageskarte oder ein Tagesangebot?
ハーベン ズィー アイネ ターゲスカルテ オーダー アイン ターゲスアンゲボート？

―黒板に書いてあります
Sie steht auf der Tafel.
ズィー シュテート アオフ デア ターフェル

何かすぐに食べられるものはありますか？
Haben Sie etwas, was man sofort essen kann?
ハーベン ズィー エトヴァス, ヴァス マン ゾフォート エッセン カン？

―こちらのスープかサラダですが
Wir haben Suppen oder Salate.
ヴィア ハーベン ズッペン オーダー ザラーテ

あれと同じ物が欲しい
Bringen Sie mir bitte das Gleiche.
ブリンゲン ズィー ミア ビッテ ダス グライヒェ

―もう終わってしまいました
Das haben wir nicht mehr.
ダス ハーベン ヴィア ニヒト メア

―残念
Schade.
シャーデ

野菜だけのものはありますか
Haben Sie etwas Vegetarisches?
ハーベン ズィー エトヴァス ヴェゲターリシェス?

―あいにくございません
Leider nicht.
ライダー ニヒト

何か他にご入用は?
Möchten Sie noch etwas?
モェヒテン ズィー ノッホ エトヴァス?

―デザート(コーヒー)を注文したいのですが
Wir möchten gerne einen Nachtisch/ein Dessert (einen Kaffee) bestellen.
ヴィア モェヒテン ゲァネ アイネン ナハティッシュ/アイン デザート (アイネン カフェー) ベシュテレン

美味しかったですか?
Hat es Ihnen geschmeckt?
ハット エス イーネン ゲシュメクト?

―ありがとう、美味しかったです
Danke es war sehr lecker/wunderbar.
ダンケ エス ヴァー ゼア レッカー/ヴンダーバー

持ち帰りできますか
Kann ich das mitnehmen?
カン イヒ ダス ミットネーメン?

―もちろんです
Ja, natürlich.
ヤー, ナテューアリヒ

Spalte 笑顔の手前に

　ベルリンのレストランやカフェを始めとするサービス業に携わる店員の愛想は悪い。もちろんサービス精神旺盛に笑顔で応対してくれるベルリーナーもいるけれど、そんな人に出会った時には逆に「私この人知り合いだったっけ？」と一瞬戸惑ってしまうほど。でも、いくら無愛想なウェイトレスがいても怒っちゃいけません。何故ならその無愛想の裏側にはなんら個人的な感情は伴っていないから。そりゃ、時には本当に腹立たしい時もあるけれど店を出る最後の最後まで判断はできません。というのも会計を済ませて店を出るまでが勝負ともいえるタイミングだから。こっちが笑って「Danke」（ありがとう）とか「Tschüss!」（バイバイ）と挨拶すればさっきまでぶすっとしていた彼女も笑い返してくれることがほとんどなのです。

　最初のうちはいちいち気落ちしていた私だけど、自分の接し方で向こうも笑顔になることがわかってからは長期戦に身を任せるようになりました。

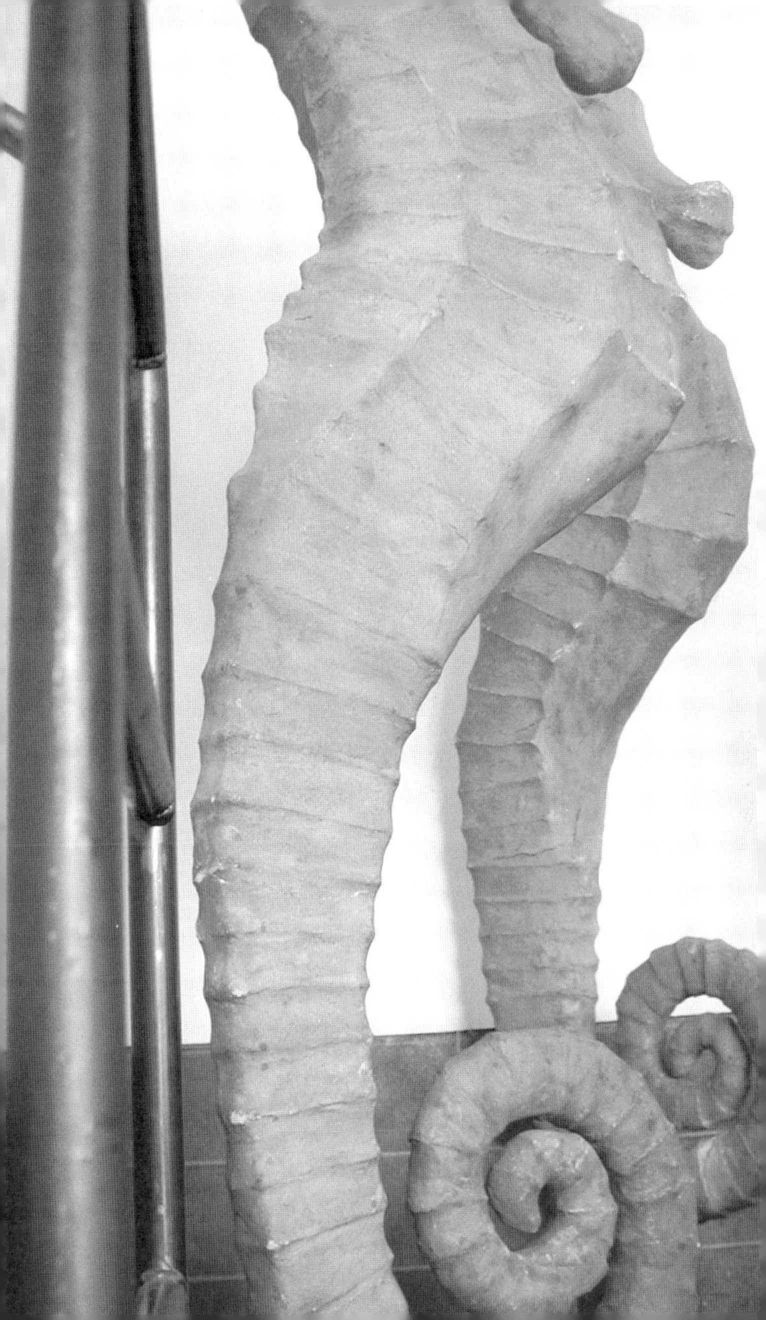

2·11 屋台で
Im Imbiss イム インビス

ポテトフライ小(中・大)くださーい
Eine kleine (normale/grosse) Pommes, bitte.
アイネ クライネ (ノルマーレ/グローセ) ポメス、ビッテ

―何つける? マヨ? ケチャップ?
Möchtest du Mayo oder Ketchup?
モェヒテスト ドゥー マヨ オーダー ケチャップ?

ドッグ2つください
Ich möchte zwei Hot-Dog, bitte.
イヒ モェヒテ ツヴァイ ホットドッグ、ビッテ

―ちょっと待ってね〜
Ganz kurz, bitte.***** / Moment, bitte.*
ガンツ クルツ、ビッテ / モメント、ビッテ

ザウァークラウト最高に嫌ーい
Ich mag kein Sauerkraut.
イヒ マーク カイン ザォアークラォト

―試してみなよ!
Das musst du probieren!
ダス ムスト ドゥー プロビーレン!

マスタードいりません
Ich will keinen Senf.
イヒ ヴィル カイネン ゼンフ

ソースは?
Welche Sauce?
ヴェルヒェ ゾーセ?

―全部!
Alle!
アレ!

/ ハーブとにんにくソースにして!
Etwas von der Kräuter(sauce) und etwas Knoblauch(sauce), bitte.
エトヴァス フォン デア クロイター (ゾーセ) ウント エトヴァス クノーブラォホ (ゾーセ)、ビッテ

たまねぎも入れる?
Möchten Sie Zwiebeln?
モェヒテン ズィー ツヴィーベルン?

―なしでよろしくー
Nein, bitte ohne!
ナイン、ビッテ オーネ!

| ベルリンで暮らす | Kapitel 2

お持ち帰りですか？ それともここで食べますか？
Zum Mitnehmen oder hier essen?
ツム ミットネーメン オーダー ヒア エッセン?

―持ち帰ります ／ ここで食べます
Zum Mitnehmen / Hier essen, bitte.
ツム ミットネーメン／ヒア エッセン, ビッテ

Spalte | 夜食のパワー

　小腹がすく時、そしてその食欲に対して知らんぷりを決め込めない時…。これは私が夜クラブやバーに出かけた帰り道に大概陥る症状。本当だったらここでラーメンか餃子！と行きたいところだけど、ここはベルリン。昼間何の気なしに通り過ぎれるはずの屋台は、こんな時ばかりとジャンクな香りとほの明るい店構えを私にアピールしてきます。「もう夜遅いし、この時間に食べるのは体にちょっとね…」なんて小さな私の声はどこかへ吹き飛ばされて、気づけば「Ich möchte ein mini Kebab, bitte!」(ミニケバブ1つください)と注文している私。でも当面の食欲が満たされることが決まって少しほっと喜んでいる私もそこにいたりして。

　ベルリンの夜食事情はケバブ(ローストチキンのトルコパンサンド)、ファラフェル(クスクスなど野菜類の小さいコロッケのサンド)、カレーブルスト(カレーソースのかかった焼きソーセージ)、ポメス(フライドポテト)、そして王道のマック。普段はこういったファーストフードを食べちゃ行けないような多少の罪悪感さえ持っているのだけれど、夜中の空腹感には抗し難い特別なパワーがある気がします。翌朝になって「一体どうしてあんなに食べたくなったんだろう？」という後悔が浮かぶことがいくらわかっていても…。

077

ベルリン おすすめmap
【バー&レストラン篇】

Ⓐ White Trash (バー・レストラン)

Torstrasse 201, 10115
U8 Rosenthaler Platz or\U6 Oranienburgertor
030/97 00 59 28
Mon-Sun 18:00-

ミックジャガーがハンバーガーを食べた店。中華料理店の内装をそのまま使った異空間漂う不思議な店。

Ⓑ Bergstüb'l (カフェバー)

Veteranienstrasse 25, 10119
U8 Rosenthaler Platz
Tram 13, 50, 53 Zionskirchplatz
Mon-Fri 10:00- Sat 10:00-Sun Evening

夜な夜な盛り上がっているベルリナーのラウンジバー。

Ⓒ Dong Dong (レストラン)

Chaussestrasse 32, 10115
030/28 87 94 66
Mon-Sun 11:00-24:00

ベルリン唯一(ドイツ唯一?)の安くておいしい笑顔の中華屋。

Ⓓ Nosh (カフェ・レストラン)

Pappelallee 77, 10437
U2 Eberswalderstrasse
030/44 040 397
delicious@nosh.de
Mon-Sun 9:00-24:00
(サンデーブランチ 9:00-16:00)

ベルリンに珍しく渋いセンスが光るレストラン。メニューも創作的で楽しめる。サンデービュッフェはお勧め。

| ベルリンで暮らす | Kapitel 2

Eberswalder Str. Ⓓ Ⓔ
                  Ⓕ Ⓖ

Haupt-
bahnhof-   Ⓒ
Lehrter   Oranien- Ⓐ   Ⓑ Rosenth.
Bahnhof   burger Tor   Platz
                      Hackescher Markt
                          Alexanderpl.
            Friedrichstr.
                                    Ostbahnhof
● Zoologischer
  Garten

Ⓔ Sasaya (日本食&寿司レストラン)　　Lychenerstrasse 50, 10437
　　　　　　　　　　　　　　　　　　U2 Eberswalderstrasse
　　　　　　　　　　　　　　　　　　Tram 13 Raumerstrasse
　　　　　　　　　　　　　　　　　　030/44 71 77 21
　　　　　　　　　　　　　　　　　　Mon-Sun 12:00-22:30
　　　　　　　　　　　　　　　　　　(15:00-18:00はカフェタイム)
　　　　　　　　　　　　　　　　　　定休日 Wed

ドイツ人・日本人問わず皆の人気者！ 東ベルリン唯一のおいしい日本食&寿司の店。

Ⓕ Konnopkes Imbiss (インビス)　　Schönhauserallee 44A, 10435
　　　　　　　　　　　　　　　　　U2 Eberswalderstrasse 高架下
　　　　　　　　　　　　　　　　　030/442 77 65
　　　　　　　　　　　　　　　　　Mon-Fri 6:00-20:00

いつも行列！ Curry Wurstが伝統的に人気。

Ⓖ Vino Blanka (タパス)　　Sredzkistrasse 45, 10435
　　　　　　　　　　　　　　U2 Eberswalderstrasse
　　　　　　　　　　　　　　Mon-Sun 18:00-24:00

豊富なワインのセレクションと小皿料理で楽しむ店。

2·12 スーパー／市場で買い物
Einkaufen im Supermarkt und auf dem Markt
アインカォフェン イム ズーパーマルクト ウント アオフ デム マルクト

これは何ですか？
Was ist das?
ヴァス イスト ダス？

―XXXです
Das ist eine / ein XXX.
ダス イスト アイネ／アイン XXX

わかる？／わかりますか？
Verstehst du das? / Verstehen Sie das?
フェアシュテースト ドゥー ダス？／フェアシュテーエン ズィー ダス？

これはドイツ語でなんと言うのですか？
Wie heißt das auf Deutsch?
ヴィー ハイスト ダス アォフ ドイチュ？

―XXXだよ
Das heißt XXX.
ダス ハイスト XXX

これはどうやって料理するの？
Wie kocht man das?
ヴィー コホト マン ダス？

―焼く／煮る／マリネにする
Man bäckt / kocht / mariniert es.
マン ベックト／コホト／マリニーアト エス

これこのまま食べられますか？
Kann man das einfach so essen?
カン マン ダス アインファッハ ゾー エッセン？

―皮を剥いてね
Sie müssen es schälen.
ズィー ミュッセン エス シェーレン

このハムを200gください
Ich hätte gerne zweihundert Gramm von diesem Schinken, bitte.
イヒ ヘッテ ゲァネ ツヴァイフンダート グラム フォン ディーゼム シンケン, ビッテ

―その他は？
Sonst noch etwas?
ゾンスト ノホ エトヴァス？

―以上です
Das ist alles.
ダス イスト アレス

これいくらですか?
Wieviel kostet das?
ヴィフィール コステット ダス?

―XXXユーロです
Das kostet XXX Euro.
ダス コステット XXX オイロ

細かいの(小銭)はありますか?
Haben Sie Münzen?
ハーベン ズィー ミュンツェン?

Spalte | 市場で買い物 ── ホームシックに最適

　ベルリン(ヨーロッパ)生活も長くなると、さすがに日本(アジア)を恋しく思うこともしばしば。当初は新鮮で刺激的だったヨーロッパ文化も日常的になってきてしまったんですね、きっと。

　そんなある日、友達のSigrid(ジクリット)に誘われてトルコマーケットへ行きました。ベルリンのKreuzberg(クロイツベルク)というトルコ人居住エリアは、イスタンブールの次に大きいトルコ人コミュニティーというだけあって、そこはもう「外国」。市場となればさらにローカル度がアップするから、そこはもう「トルコ」。文字通り人がごった返していて、普通ドイツではありえない距離感覚で背中や肩にボンボンぶつかる人達。ぶつかられるのは嫌なはずなんだけれど、その時の私は笑ってました、確かに。だって自分の一つのルーツを見たようでとても嬉しかったんだもの。アジアというルーツ。カオスなアジア。

　私にとっては魚市場さながらの戦闘ムードにかなり興奮。普通あまりコンタクトのないトルコ人女性と場を共にするのは「同じアジアの女性」という括りからか、なんとも心地好い安心感。ホームシックの薬にトルコマーケット。これがトルコマーケット初体験をした私の教訓です。ちなみにマーケットが終わる16時頃に行くと、さらにカオスで激しいお勘定争いが行われます。これもまた良し。

כל-בו

Koshere Lebensmittel und Weine

KOLBO

| ベルリンで暮らす | Kapitel 2

◀ ジューイッシュの食材・雑貨を扱うお店。

Wörter | 果物／野菜 Obst / Gemüse オープスト／ゲミューゼ

● りんご der Apfel デア アプフェル ● イチゴ die Erdbeere ディ エァトベーレ ● ブルーベリー die Blaubeere ディ ブラォベーレ ● オレンジ die Orange ディ オランジェ ● レモン die Zitorone ディ ツィトローネ ● ブドウ die Weintraube ディ ヴァイントラォベ ● さくらんぼ die Kirsche ディ キルシェ ● もも der Pfirsich デア プフィルズィヒ ● プラム die Pflaume ディ プフラウメ ● 梨 die Birne ディ ビルネ ● 栗 die Kastanie ディ カスターニエ ● 無花果 der Granatapfel デア グラナートアプフェル ● トマト die Tomate ディ トマーテ ● きゅうり die Gurke ディ グルケ ● 玉ねぎ die Zwiebel ディ ツヴィーベルン ● にんにく der Knoblauch デア クノープラォホ ● 生姜 der Ingwer デア イングヴァ ● 西洋ワサビ der Meerrettich デア メーアレティヒ ● カリフラワー der Blumenkohl デア ブルーメンコール ● 豆 die Bohne ディ ボーネ ● カボチャ der Kürbis デア キュルビス ● パセリ die Petersilie ディ ペタズィーリエ ● 西洋ネギ der Lauch デア ラォホ ● 細ネギ die Frülingszwiebel ディ フリューリングスツヴィーベル ● もやし die Sojabohne ディ ゾーヤボーネ ● ビート die rote Beete ディ ローテ ベーテ ● グリーンピース die Erbse ディ エァブセ ● ジャガイモ die Kartoffel ディ カルトフェル ● にんじん die Möhre ディ モェーレ ● キャベツ der Weißkohl デア ヴァイスコール ● アスパラガス der Spargel (grün / weiss) デア シュパルゲル (グリューン／ヴァイス) ● キノコ der Pilz デア ピルツ ● とうもろこし der Mais デア マイス ● なす die Aubergine ディ オベルジーネ ● ほうれん草 der Spinat デア シュピナート

ベルリン語 "koof" は "kauf"(買う)。"ローカルでお買い物"の意味。

Wörter | 肉／魚 Fleisch / Fisch フライシュ／フィッシュ

● 肉 das Fleisch ダス フライシュ ● 牛肉 das Rindfleisch ダス リントフライシュ ● 豚肉 das Schweinefleisch ダス シュヴァイネフライシュ ● 鶏肉 das Hühnerfleisch ダス ヒューナーフライシュ ● 七面鳥 das Putenfleisch ダス プーテンフライシュ ● カモ die Ente ディ エンテ ● 魚 der Fisch デア フィッシュ ● 鮭 der Lachs デア ラックス ● にしん der Hering デア ヘーリング ● マグロ der Thunfisch デア トゥーンフィッシュ ● いわし die Sardine ディ ザルディーネ ● えび die Schrimps ディ シュリンプス ● イカ der Tintenfisch デア ティンテンフィッシュ ● 牡蠣 die Auster ディ アォスター ● ソーセージ die Wurst ディ ヴルスト ● ハム der Schinken デア シンケン ● サラミ die Salami ディ ザラーミ ● ベーコン der Speck デア シュペック ● チーズ der Käse デア ケーゼ ● 缶詰め die Konserve ディ コンゼァヴェ ● パン das Brot ダス ブロート ● ジャム die Marmelade ディ マルメラーデ ● バター die Butter ディ ブッター ● はちみつ der Honig デア ホーニヒ ● お茶 der Tee デア テー ● コーヒー der Kaffee デア カフェ ● ミルク die Milch ディ ミルヒ ● ジュース der Saft デア ザフト ● 水 das Wasser ダス ヴァッサー ● ミネラルウォーター das Mineralwasser ダス ミネラールヴァッサー

| ベルリンで暮らす | Kapitel 2

2·13 街で買い物
Shoppen gehen ショッペン ゲーエン

何かお手伝いしましょうか?
Kann ich Ihnen helfen?
カン イヒ イーネン ヘルフェン?

―ちょっと見てるだけです
Ich möchte mich nur umsehen.
イヒ モヒテ ミヒ ヌァ ウムゼーエン

これを見せてもらってもいいですか?
Darf ich mir das mal ansehen?
ダルフ イヒ ミァ ダス マール アンゼーエン?

―今ケースを開けますね
Okay, ich hole es aus dem Schaufenster.
オケー, イヒ ホーレ エス アオス デム シャオフェンスター

これをください
Ich nehme das.
イヒ ネーメ ダス

―現金ですか、カードですか?
Zahlen Sie bar oder mit Karte?
ツァーレン ズィー バー オーダー ミット カルテ?

／あちらの会計でどうぞ
Bitte gehen Sie damit zur Kasse.
ビッテ ゲーエン ズィー ダーミット ツア カッセ

プレゼント用に包んでもらってもいいですか?
Könnten Sie es als Geschenk einpacken?
コェンテン ズィー エス アルス ゲシェンク アインパッケン?

別々に包んでください
Bitte packen Sie das einzeln ein.
ビッテ パッケン ズィー ダス アインツェルン アイン

何に使うものですか?
Wozu braucht man das?
ヴォツー ブラォフト マン ダス?

―XXXです
Fürs xxx. / Um zu XXX.
フュアス XXX ／ ウム ツー XXX

バラ売りはできますか？
Verkaufen Sie das auch einzeln?
フェアカオフェン ズィー ダス アォホ アインツェルン？

—できますよ、いくつ欲しいですか？
Ja, wieviel möchten Sie?
ヤー, ヴィフィール モェヒテン ズィー？

／バラ売りはできません
Nein, nur zusammen.
ナイン, ヌァ ツザメン

お土産を探しているんだけど
Ich suche nach einem Souvenir.
イヒ ズーヘ ナハ アイネム ズヴェニーァ

—どんな人にあげるんですか？
Für wen?
フュア ヴェーン？

プレゼントなんですが
Ich brauche ein Geschenk.
イヒ ブラォヘ アイン ゲシェンク

—こちらはいかがですか？
Wie wär's damit?
ヴィー ヴェアス ダーミット？

どこでお土産が買えますか？
Wo kann man ein Souvenir kaufen?
ヴォー カン マン アイン ズヴェニーァ カォフェン？

—テレビ塔のところに少しありますよ
Am Fernsehturm am Alexanderplatz gibt es einen Laden.
アム フェルンゼートゥルム アム アレクサンダープラッツ ギープト エス アイネン ラーデン

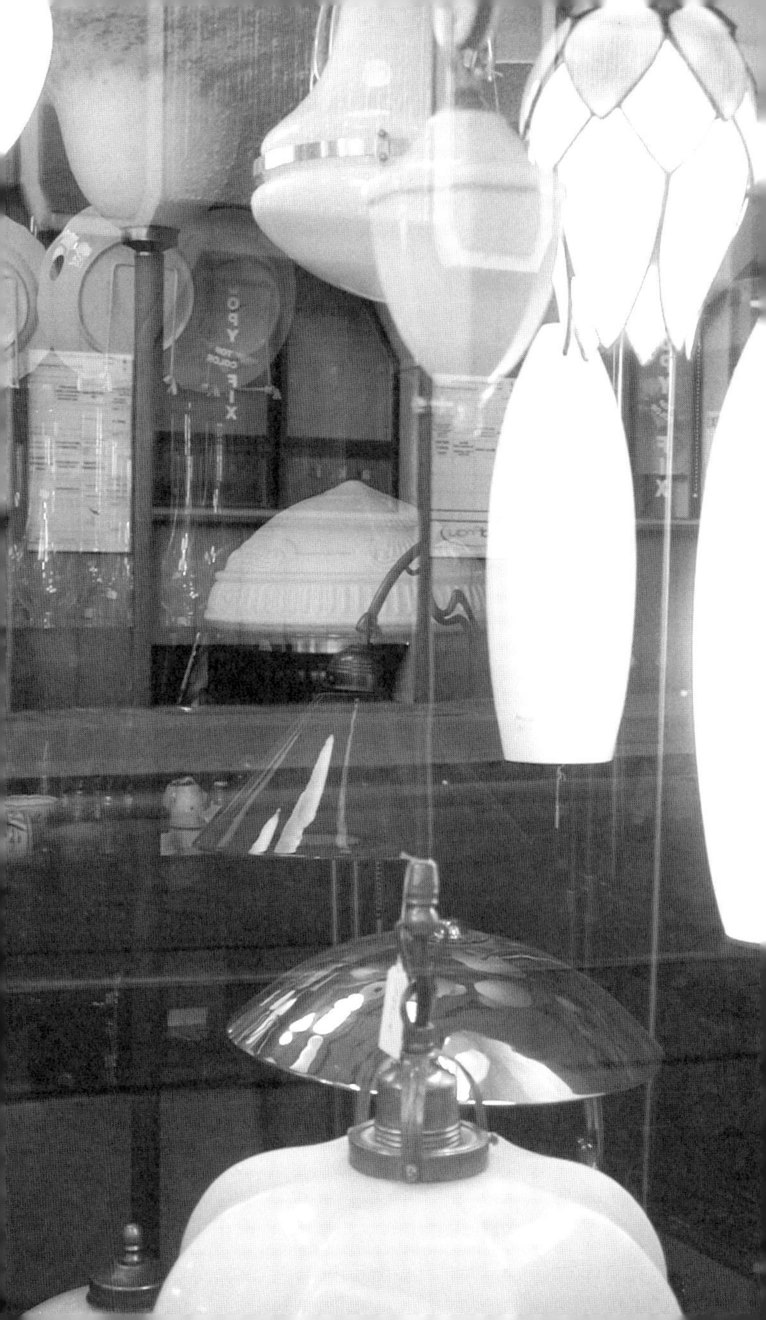

ベルリン おすすめmap
【ショップ篇】

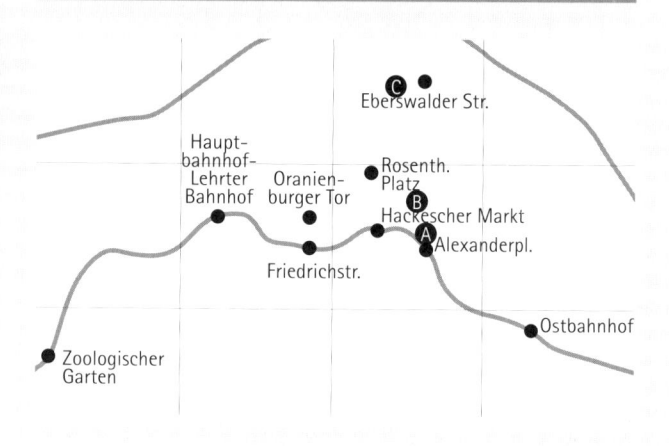

Ⓐ Apartment(ファッション)

Memhardstrasse 8, 10178
S/U Alxanderplatz
www.apartmentberlin.de

ベルリン唯一のセレクトショップ。とんがったファッション・カルチャーを提案。

Ⓑ Trainer(スニーカー)

Alte Schönhauser Strasse 50, 10119
U2 Rosa-Luxemburg-Platz or U8 Weinmeisterstrasse
030/97 89 46 10
www.trainer-berlin.de
Mon-Fri 13:00-19:30 Sat 12:00-16:00

友達のMotiが内装して新規オープン。デッドストックも見つけられるスニーカーの店。

Ⓒ Pauls Boutique(ファッション)

Oderbergerstrasse 47, 10435
U2 Eberswalderstrasse
Tram 13, 20, 50, 53 Eberswalderstrasse
030/44 03 37 37
Mon-Fri 12:00-20:00 Sun 12:00-18:00

Oderbergerstrasseの先駆者的存在のベルリンブティック。

| ベルリンで暮らす | Kapitel 2

2·14 花屋で
Im Blumenladen イム ブルーメンラーデン

この花の名前は何ですか？
Was ist das für eine Blume?
ヴァス イスト ダス フュア アイネ ブルーメ？

―スイートピーです
Das ist eine Wicke.
ダス イスト アイネ ヴィッケ

この花は一本いくらですか？
Wieviel kosten die pro Stück?
ヴィフィール コステン ディ プロ シュトゥック？

―1ユーロです
1 Euro.
アイン オイロ

花束を作りたいのですが
Ich möchte einen Strauß zusammenstellen.
イヒ モェヒテ アイネン シュトラォス ツザメンシュテレン

―予算と用途は？
Wie teuer soll er sein und zu welchem Anlass?
ヴィー トイヤー ゾル エァ ザイン ウント ツー ヴェルヒェム アンラス？

簡単に包んでいいですか？
Kann ich sie ganz einfach einpacken?
カン イヒ ズィー ガンツ アインファッハ アインパッケン？

―はい、すぐそばなので
Kein Problem, ich wohne gleich um die Ecke.
カイン プロブレーム, イヒ ヴォーネ グライヒ ウム ディ エッケ

病院にお見舞いに行くんだけど
Ich besuche jemanden im Krankenhaus.
イヒ ベズーヘ イェーマンデン イム クランケンハォス

恋人にあげるの
Ich möchte einen Strauß für meine Freundin / meinen Freund.
イヒ モェヒテ アイネン シュトラォス フュア マイネ フロインディン／マイネン フロイント

海みたいにきれいな青ね
Das ist ein schönes Ozeanblau.
ダス イスト アイン シェーネス オツェアーンブラオ

透き通るように白いですね
Das ist so ein Weiß, dass es fast durchsichtig ist.
ダス イスト ゾー アイン ヴァイス, ダス エス ファスト ドゥルヒズィヒティヒ イスト

―出産祝いにいいですよ
Diese Blumen sind besonders schön zur Geburt.
ディーゼ ブルーメン ズィント ベゾンダァス シェーン ツア ゲブーアト

| ベルリンで暮らす | Kapitel 2

Wörter | 花 Blumen ブルーメン

● 薔薇 die Rose ディ ローゼ ● ゆり die Lilie ディ リーリエ ● 菊 die Chrysantheme ディ クリュザンテーメ ● アマリリス die Amaryllis ディ アマリュリス ● ケシ・ヒナゲシ die Mohnblume ディ モーンブルーメ ● ジャスミン der Jasmin デア ヤスミーン ● 椿 die Kamille ディ カミレ ● ライラック der Flieder デア フリーダー ● アネモネ die Anemone ディ アネモーネ ● マーガレット die Margerite ディ マルゲリーテ ● ミモザ die Mimose ディ ミモーゼ ● スイートピー die Wicke ディ ヴィッケ ● 水仙 die Narzisse ディ ナルツィッセ ● チューリップ die Tulpe ディ トゥルペ ● すずらん das Maiglöckchen ダス マイグロェックヒェン ● パンジー das Stiefmütterchen ダス シュティーフミュッターヒェン ● あざみ die Distel ディ ディステル ● キンポウゲ die Butterblume ディ ブッターブルーメ ● 矢車草 die Kornblume ディ コルンブルーメ ● シクラメン das Alpenveilchen ダス アルペンファイルヒェン ● グラジオラス die Gladiole ディ グラディオーレ ● アジサイ die Hortensie ディ ホルテンズィエ ● ワスレナグサ das Vergißmeinnicht ダス フェァギスマインニヒト ● カーネーション die Gartennelke ディ ガルテンネルケ ● 牡丹 die Pfingstrose ディ プフィングストローゼ ● シャクナゲ die Alpenrose ディ アルペンローゼ ● ひまわり die Sonnenblume ディ ゾンネンブルーメ ● 桜 die Kirschblüte ディ キルシュブリューテ

Spalte | 緑と身近な生活

冬が長いせいか、ドイツ人の緑や花への執着はとても強いように思います。寒くて暗い冬の時期もできるだけ家の中に緑を絶やさないようにしている人は多いし、春の芽吹きの時期には、まだ少し肌寒い気候でも外に出て緑に触れたい欲求をみんな押さえることはできません。

小春日和第1日めという感じのぽかぽかした陽気にはそこらじゅうの公園や広場の芝生に寝転がっている人をたくさん見かけることができます。もちろん仕事もそっちのけでね。

緑や花に対してそれ程の強い愛着を持っていなかった私だけれど、この環境で暮らし始めてとても感化されました。ハウスの窓辺に飾られている季節の花や、角を曲がれば1つはあるお花屋さんのディスプレイを何気なく目にするだけで自然に心が和みます。

2·15 カメラ屋で
Im Fotoladen イム フォートーラーデン

24枚撮りカラーフィルムください
Ich möchte einen vierundzwanziger Farbfilm.
イヒ メェヒテ アイネン フィアウントツヴァンツィガー ファルプフィルム

―感度は？
Wieviel ASA?
ヴィフィール アーエスアー？

モノクロ（スライド）フィルムをください
Ich möchte ein schwarzweißfilm.
イヒ メェヒテ アイン シュヴァルツヴァイスフィルム

―メーカーは？
Welche Marke soll es sein?
ヴェルヒェ マルケ ゾル エス ザイン？

私のカメラの調子がよくありません。調べてもらえますか？
Meine Kamera funktioniert nicht richtig. Würden Sie mal nachsehen?
マイネ カメラ フンクツィオニーアト ニヒト リヒティヒ. ヴュルデン ズィー マール ナハゼーエン？

―数日かかりますが
Dazu brauchen wir aber einige Tage.
ダツー ブラオヘン ヴィア アーバー アイニゲ ターゲ

電池をさがしています
Ich brauche Batterien.
イヒ ブラオヘ バテリーエン

―充電電池はどうですか？
Möchten Sie Akkus?
メェヒテン ズィー アックース？

現像してください
Bitte entwickeln Sie diesen Film.
ビッテ エントヴィッケルン ズィー ディーゼン フィルム

―どのサイズにしますか？
Wie groß sollen die Abzüge sein?
ヴィー グロース ゾレン ディ アプツューゲ ザイン？

1枚いくらですか
Wie teuer ist ein Abzug?
ヴィー トイヤー イスト アイン アプツーク？

―60セントです
60 Cent pro Stück.
ゼヒツィヒ ツェント プロ シュトゥック

いつできますか？
Wann sind sie fertig?
ヴァン ズィント ズィー フェァティヒ？

―今日の夕方です
Heute Abend.
ホイテ アーベント

／明日の午前中です
Morgen vormittag.
モァゲン フォァミッターク

／一週間後です
In einer Woche.
イン アイナー ヴォッヘ

Wörter	写真 das Bild ダス ビルト

● 撮影禁止 Nicht Fotografieren! ニヒト フォトグラフィーレン！ ● フラッシュ禁止 kein Blitz カイン ブリッツ ● シャッター der Verschluss デァ フェァシュルス ● フラッシュ der Blitz (das Licht) デァ ブリッツ (ダス リヒト) ● レンズ die Linse ディ リンゼ ● ビデオ das Video ダス ヴィーデオ ● ビデオテープ der Videofilm デァ ヴィーデオフィルム ● カメラ屋 Der Fotoladen デァ フォートーラーデン ● 現像 die EntwickIng ディ エントヴィックルング ● 焼き増し der Abzug デァ アップツーク ● フィルム der Film デァ フィルム ● ネガ das Negativ ダス ネーガティーフ ● ポジ das Positiv ダス ポーズィティーフ ● スライドフィルム der Dia デァ ディア ● カラー Die Farbe ディ ファルベ ● 白黒 schwarz-weiss シュヴァルツ ヴァイス

Spalte | アナログの裏側にロマン

　デジカメがさらに台頭してきた今日この頃、写真も手頃になった感があるけれど、この時代でも紙焼きのいわゆる「アナログカメラ」で写真を撮っているカメラマンを私は個人的に一目置いている。というのも何か被写体とカメラ自体への愛情を垣間見たような、ある種職人仕事的な思い入れに不思議とあたたかい気持ちにさせられるからなのです。

　先日、私が活動しているユニット —— fleckfumieの写真を撮ってくれた友達のKaiもその一人。彼の最初のカメラは16歳の時に自分で買ったミノルタだそう（この話は少し私をニンマリさせてくれました）。デジカメについてどう思うか聞いて見たところ「全然好きじゃないよ。簡単過ぎるね。写真は現像までのプロセスや時間とか付随するいろんなものを含めて写真だと僕は思っているんだ。極端に言えばシャッター音も含めてカメラが好きなんだよね」。何ともカメラに対する愛情が深いんだなこの人は、と思わせるコメントにさらに一目置いた私。これだけカメラに愛情を持っていれば自分の思うように操作もできて、素敵な写真も撮れるわけだ、と改めて感心。ライカの国で生まれた彼はこれからもフィルムと現像で生まれる写真を撮っていくんだろうな。

Kai von Rabenau: www.opacities.net

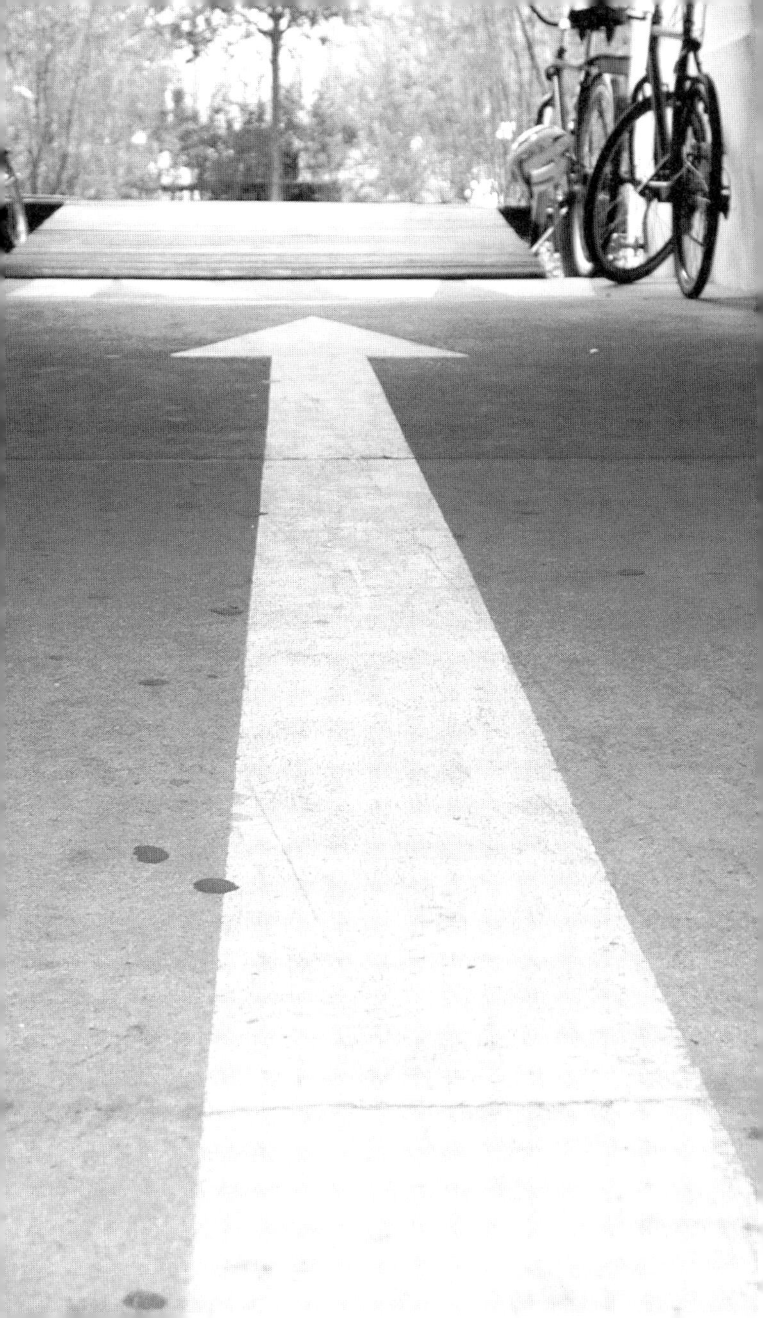

2・16 本屋／キオスクで
Im Buchladen / Am Kiosk イム ブーフラーデン／アム キオスク

サッカーの雑誌はありますか？
Haben Sie Fußballzeitschriften?
ハーベン ズィー フースバルツァイトシュリフテン？

音楽雑誌はどこですか？
Wo sind Musikzeitschriften?
ヴォー ズィント ムズィークツァイトシュリフテン？

―あそこです
Da (drüben).***
ダー（ドリューベン）

日本の新聞はおいてますか？
Haben Sie japanische Zeitungen?
ハーベン ズィー ヤパーニッシェ ツァイトゥンゲン？

―1種類ならありますよ
Wir haben eine.
ヴィア ハーベン アイネ

／たった今売りきれました
Sie sind gerade alle verkauft.
ズィー ズィント ゲラーデ アレ フェアカオフト

／この奥のCDコーナーを過ぎた所です
Da lang, an der CD-Abteilung vorbei.
ダー ラング、アン デア ツェーデー アップタイルング フォアバイ

観光ガイドはありますか？
Haben Sie einen Stadtführer?
ハーベン ズィー アイネン シュタットフューラー？

―ドイツのですか？ ベルリンのですか？
Für ganz Deutschland oder Berlin?
フュア ガンツ ドイチュラント オーダー ベアリーン？

ベルリン市内地図ありますか？
Haben Sie einen Stadtplan von Berlin?
ハーベン ズィー アイネン シュタットプラン フォン ベアリーン？

―左手の棚にありますよ
Auf dem Regal, links.
アオフ デム レガール、リンクス

独和辞書はありますか？
Haben Sie ein deutsch-japanisches Wörterbuch?
ハーベン ズィー アイン ドイチュ ヤパーニッシェス ヴェルターブーフ？

| ベルリンで暮らす | Kapitel 2

―独英ならありますよ
Wir haben ein deutsch-englisches.
ヴィア ハーベン アイン ドイチュ エングリッシェス

英語の雑誌／新聞ある？
Haben Sie englische Zeitschriften / Zeitungen?
ハーベン ズィー エングリッシェ ツァイトシュリフテン／ツァイトゥンゲン？

※「雑誌」をドイツ語発音で"マガツィン"(Magazin)と1単語で使うとポルノ雑誌を意味していると誤解される場合があるようです。英語発音の"マガジン"(Magazine)であれば1単語で使用しても雑誌の意味だと受け取られます。

"LANGNESE"アイスの旗印がキオスクの第2の目印でもあります。

2·17 薬局で
In der Apotheke イン デア アポテーケ

香料の入っていない石鹸が欲しいんだけど
Ich hätte gerne eine Seife ohne Duftstoffe.
イヒ ヘッテ ゲァネ アイネ ザイフェ オーネ ドゥフトシュトッフェ

―ベビー石鹸でもいいですか？
Wäre Babyseife richtig?
ヴェーレ ベービーザイフェ リヒティッヒ？

爪切りありますか？
Haben Sie Nagelscheren?
ハーベン ズィー ナーゲルシェーレン？

―あの棚にあります
Da, auf diesem Regal.
ダー、アオフ ディーゼム レガール

風邪薬はありますか？
Haben Sie Medikamente gegen Erkältung?
ハーベン ズィー メディカメンテ ゲーゲン エァケルトゥング？

―どんな症状ですか？
Welche Symptome haben Sie?
ヴェルヒェ ズュンプトーメ ハーベン ズィー？

どのように飲むのですか？
Wie nimmt man das?
ヴィー ニムト マン ダス？

―1日3回食後に飲んでください
Nehmen Sie bitte drei Mal pro Tag nach dem Essen.
ネーメン ズィー ビッテ ドライ マル プロ ターク ナハ デム エッセン

絆創膏ください
Ich möchte Pflaster, bitte.
イヒ モェヒテ プフラスター、ビッテ

―どのサイズがいいですか？
In welcher Größe?
イン ヴェルヒャー グロェーセ？

コンドームくださーい
Ich möchte Kondome kaufen.
イヒ モェヒテ コンドーメ カオフェン

―どれにしますか？
Welche?
ヴェルヒェ？

／あちらにあります
Da finden Sie sie.
ダー フィンデン ズィー ズィー

Spalte | 競争のないドラッグストア事情

　旧東地区の私の住んでいる近所にはドラッグストアが2種類しかない。Rossmann（ロスマン）とSchlecker（シュレッカー）。ドラッグストア好きの私としては、このなんとも甲乙付け難い店の"売り"に、ベルリンへ来た当初はかなりがっかりしたものです。どーっとある品数の中から選ぶというよりも白と赤どっちにしよう程度の選択肢しかないんだもの…。

　これはドラッグストアに限ったことではないけれど、競争の少なさがその理由だと私は思っています。だってどのお店も同じ物売ってるもんね。若干Schleckerの方が庶民的で、myブランド品はかなり安く価格がつけられているけど、でもやっぱり売っている物や値段はほぼ一緒。

　それよりも、Apotheke（アポテーケ）という本式の調剤薬局の方が、化粧品ラインや自然食品ラインなど面白い物が売っているから私は好きです。店構えも入居しているハウスの作りがそのまま使われているので、いくら"A"マークで統一されていても微妙に個性が出ていて区別できる感じだし。せっかくお店に行くなら「ココが好き」っていうお気に入りの店に行くウキウキ気分で買い物をしたい私には、日本のドラッグストアがいたく懐かしく思われるのです。

2·18 病院で――具合の悪さを伝える
Im Krankenhaus – Wie man sich fühlt
イム クランケンハオス - ヴィー マン ズィヒ フュールト

咳が止まりません
Ich muss andauernd husten.
イヒ ムス アンダオアァント フーステン

――いつからですか?
Seit wann haben Sie das?
ザイト ヴァン ハーベン ズィー ダス?

下痢をしています
Ich habe Durchfall.
イヒ ハーベ ドゥルヒファル

――昨日何を食べましたか?
Was haben Sie gestern gegessen?
ヴァス ハーベン ズィー ゲスターン ゲゲッセン?

吐き気がします
Ich habe Brechreiz.
イヒ ハーベ ブレヒライツ

――頭痛はしますか?
Haben Sie auch Kopfschmerzen?
ハーベン ズィー アオホ コプフシュメァツェン?

熱がありますか?
Haben Sie Fieber?
ハーベン ズィー フィーバー?

食べ物のアレルギーはありますか?
Haben Sie eine Lebensmittelallergie?
ハーベン ズィー アイネ レーベンスミッテルアレァギー?

めまいがします
Mir ist schwindlig.
ミア イスト シュヴィンドリヒ

――ここに横になってください
Bitte legen Sie sich hierhin.
ビッテ レーゲン ズィー ズィヒ ヒアヒン

どこが痛いですか?
Wo haben Sie Schmerzen?
ヴォー ハーベン ズィー シュメァツェン?

――お腹です
Im Magen.
イム マーゲン

▶ クリニックの玄関。いたって普通のハウスの玄関と同じ。

Dr. med. Ursula Blank

Sven Kielblock
Zahnarzt

▶ 総合病院の構え。かなり長いこと図書館か何かと思い込んでいた私。

支払いはカードでできますか？
Kann ich mit Kreditkarte bezahlen?
カン イヒ ミット クレディートカルテ ベツァーレン？

―現金だけです
Wir nehmen nur Bargeld.
ヴィア ネーメン ヌァ バーゲルト

お大事に
Gute Besserung!
グーテ ベッセルング！

―ありがとう
Danke.
ダンケ

Spalte	病院探し ― 看板はないが評判はある

　病気になるまでまったく気にしていなかったことだけれど、ドイツの病院には看板がない。目印と言えば大きめの表札が玄関口の壁に貼られているだけ。ピンポイントで用事があるか、よっぽど気にしていない限り、通りを歩いていても頭の中を完璧に素通りしていく情報の1つ。

　病院選びのポイントを「1. 通いやすい立地、2. 看板などの店構え、3. 評判」の順にしていた私にとって、ドイツでの病院探し（選び）は結構慌てた一大事。そして、この作業をそのままの順序で直球でやっていくと、異常なロスがあることに気付かされます。まず、第1ステップ＝通いやすい立地。イエローページにじーっと目を凝らし「近場の住所」のフィルターにかける、次に、第2ステップ＝店構え…と実はそこまでしかできないぃ!! 何故なら店構えはほぼすべて同じなのです。何の変哲もない表札からどの病院が良さげか選ぶなんて、くじ引きするよりも都合が悪い。そこでどうするか？ やっぱりドイツ人の助けが必要になるんですね。そうそう、最初からイエローページからなんて頑張らないで角を曲がれば見つかる"A"が目印のApotheke（薬局）で最寄の良い病院を聞くとか、友達にtelしてどこがお勧めか評判を聞けばいいんです。これが一番的確で、一番リスクの少ない病院選びの方法 in Germany。

ANKENHAUS

Wörter | 身体 Körperteile コェルパータイレ

肩 die Schulter ディ シュルター
腕 der Arm デア アルム
肘 der Elbogen デア エルボーゲン
手 die Hand ディ ハント
指 der Finger デア フィンガー

胃 der Magen デア マーゲン
腸 der Darm デア ダルム
お腹 der Bauch デア バオホ
わき腹 die Seite ディ ザイテ
お尻 der Hintern デア ヒンターン
骨 der Knochen デア クノッヘン

| ベルリンで暮らす | Kapitel 2

頭 der Kopf デア コプフ
髪 das Haar / die Haare (pl.) ダス ハール／ディ ハーレ
頬 die Wange ディ ヴァンゲ
耳 das Ohr ダス オーア
目 das Auge ダス アォゲ
鼻 die Nase ディ ナーゼ
口 der Mund デア ムント
唇 die Lippen ディ リッペン
歯 der Zahn デア ツァーン
舌 die Zunge ディ ツンゲ
のど der Hals デア ハルス
首 der Nacken デア ナッケン

胸 der Oberkörper デア オーバーコェルパー
脇 die Achselhöhle ディ アクセルホェーレ
背中 der Rücken デア リュッケン
心臓 das Herz ダス ヘァツ
肺 die Lunge ディ ルンゲ

足(leg) das Bein ダス バイン
足(foot) der Fuß デア フース
膝 das Knee ダス クニー
かかと die Ferse ディ フェァゼ
足の指 der Zehe デア ツェーエ
爪 der Nagel デア ナーゲル

ベルリンで遊ぶ

Kapitel 3

Ausgehen in Berlin アォスゲーエン イン ベアリーン

Spalte | 季節に合わせたドイツ人の遊び方

　何度も言うけどベルリンの冬は本当に寒い！ でも、週末やフリーな時間は楽しみたい！ じゃあ何をするか？ やっぱりパーティーやクラブ、劇場でお芝居、クラシックを聞きに行ったり、シンプルにバーに行ったり、などなど。でも場面はもっぱら室内。暖房のガンガンにきいた室内で極端に言えば半袖でくつろぐ。これが冬の遊びスタイル。だからこっちの人は調節がフレキシブルな服装をしています。ごっついコートや革ジャンで現れた人も、1枚2枚と脱いで最後は半袖やタンクトップになっちゃうこともあるもの。ナイトライフに限って言えば、踊って汗かきたい！と言うのが冬の遊びのテーマかなと思います。

　じゃあ夏はどうか？ ここぞ！とばかりにサマータイムの長い日を太陽とできるだけ触れ合いたい！というのが遊びのテーマ。場面は湖、公園、屋上、ビーチ（もちろん人工ビーチですね）と、もっぱら屋外。この時期のパーティーやイベントは中庭や公園、特設テラスなど、屋外でのセッティングが基本ステージ。屋外コンサートも頻繁に開かれます。また本人がホストになってもてなすことが普通のドイツの誕生日会も、この時期は公園でのバーベキューやピクニックスタイルがポピュラーです。

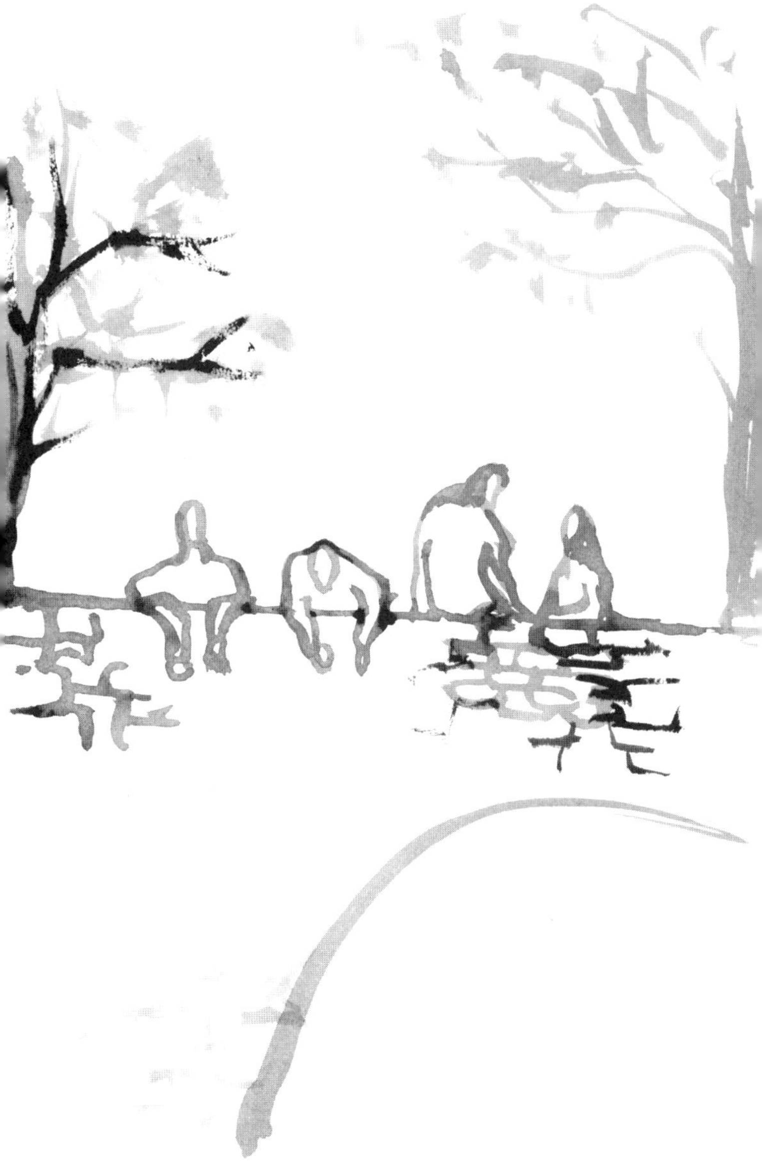

3·01 散歩する
Spaziergang シュパツィアガング

ぶらぶらしに行かない?
Sollen wir rausgehen?
ゾレン ヴィア ラォスゲーエン?

—どのへんに?
Wohin denn?
ヴォーヒン デン?

／ええ〜、だるいよ
Neee,* ich habe keine Lust.**
ネー、イヒ ハーベ カイネ ルスト

公園行かない?
Gehen wir in den Park?
ゲーエン ヴィア イン デン パルク?

—何か敷くもの持っていこうよ
Lass uns Decken zum Draufsetzen mitnehmen!
ラス ウンス デッケン ツム ドラォフゼッツェン ミットネーメン!

カフェで休まない?
Sollen wir ins Café gehen?
ゾレン ヴィア インス カフェー ゲーエン?

—いいカフェ知ってるよ!
Ich weiß ein gutes Café!
イヒ ヴァイス アイン グーテス カフェ!

トイレ行きたくなっちゃった
Ich muss mal.* / Ich bin zurück wieder da.****
イヒ ムス マル / イヒ ビン ツリュック ヴィーダー ダー

—家出る前に行っとけって言ったじゃん!
Ich habe dir gesagt, dass du zuhause gehen sollst!
イヒ ハーベ ディア ゲザークト、ダス ドゥー ツーハォゼ ゲーエン ゾルスト!

／また?
Schon wieder?
ショーン ヴィーダー?

あ、危ないよ犬の糞
Pass auf, da ist Hundescheisse.
パス アォフ、ダー イスト フンデシャイセ

—おっと!
Uuups!
ウップス!

110

手をつなごうよ
Lass uns Händchen halten.
ラス ウンス ヘントヒェン ハルテン

―いいよ
Ja.
ヤー

／何考えてんの？
Was meinst du?
ヴァス マインスト ドゥー？

ちょっと銀行に寄ってもいい？
Kann ich kurz auf die Bank?
カン イヒ クルツ アオフ ディ バンク？

―どこの銀行？
Zu welcher Bank musst du?
ツー ヴェルヒャー バンク ムスト ドゥー？

3·02 動物園で
Im Zoo イム ツォー

象、見て！
Guck mal, ein Elefant!!
グック マル、アイン エレファント！

―え、なに？
Was? ** / Wie bitte?
ヴァス？ / ヴィー ビッテ？

ライオンあくびしてるよ
Der Löwe gähnt.
デア ロェーヴェ ゲーント

―呑気だよね
Er ist ziemlich faul, oder?
エア イスト ツィームリヒ ファオル、オーダー？

アヒルのおしりかわいい
Die Enten haben einen hübschen Hintern.
ディ エンテン ハーベン アイネン ヒュプシェン ヒンテァン

―大きすぎない？
Ist der nicht zu fett?
イスト デア ニヒト ツー フェット？

パンダ変な顔
Der Pandabär hat ein komisches Gesicht.
デア パンダベア ハット アイン コーミッシェス ゲズィヒト

―イケてるよ
Ich finde das Gesicht cool.
イヒ フィンデ ダス ゲズィヒト クール

／目が恐いよ！
Die Augen sehen merkwürdig aus.
ディ アオゲン ゼーエン メァクヴュルディヒ アオス

あのサルのしっぽは長過ぎ
Der Schwanz von dem Affen ist zu lang.
デア シュヴァンツ フォン デム アッフェン イスト ツー ラング

―かわいいじゃん
Ich finde, es sieht gut aus.
イヒ フィンデ、エス ズィート グート アオス

派手だねえ
Das ist sehr hip!
ダス イスト ゼア ヒップ

| ベルリンで遊ぶ | Kapitel 3

―同感
Find ich auch.
フィント イヒ アォホ

あなたクールじゃないねえ
Sie sind sehr uncool.
ズィー ズィント ゼア ウンクール

―人のこと言えないじゃん
Das kannst du nicht über andere sagen.
ダス カンスト ドゥー ニヒト ユーバー アンデレ ザーゲン

何、あの鳥の頭
Was hat der Vogel denn für eine Frisur?
ヴァス ハット デア フォーゲル デン フュア アイネ フリズーア?

―パンクだね
Das ist ein Punk.
ダス イスト アイン パンク

何してるんだろ?
Was macht er/sie?
ヴァス マハト エア/ズィー?

―聞いてみれば?
Frag doch?
フラーグ ドッホ?

太ってない?
Ist sie nicht etwas zu dick?
イスト ズィー ニヒト エトヴァス ツー ディック?

―冬眠のための貯えさ
Sie sammelt Fett für den Winter an.
ズィー ザンメルト フェット フュア デン ヴィンター アン

／おなかかわいい
Oh, ein süßer Bauch.
オー、アイン ズューサー バォホ

きれいだね
Es/Sie/Er ist schön.
エス/ズィー/エア イスト シェーン

―色がいいね
Schöne Farbe.
シェーネ ファルベ

／最高美人だね
Sie ist einfach toll.
ズィー イスト アインファッハ トル

113

気持ち悪い！
> Freaky! *
> フリーキー！

―目を合わせないように
> Guck nicht in ihre Augen!
> グック ニヒト イン イーレ アォゲン！

／あっちに行こう
> Lass uns da langgehen.
> ラス ウンス ダー ラングゲーエン

ワニが柵から出てるよー
> Die Krokodile kommen aus dem Käfig!!
> ディ クロコディーレ コメン アォス デム ケーフィヒ

―うそ！
> Mach keinen Quatsch! ***
> マッハ カイネン クヴァッチュ！

―うっそ〜ん
> Doch, mache ich.
> ドッホ, マッヘ イヒ

あれオス？
> Ist das ein Mann?
> イスト ダス アイン マン？

―メス？オカマかも？
> Oder eine Frau? Oder ist er schwul?
> オーダー アイネ フラォ？ オーダー イスト エア シュヴール？

さわりたーい
> Ich möchte ihn/sie/es streicheln.
> イヒ モェヒテ イーン/ズィー/エス シュトライヒェルン

―噛むよ！
> Er/Sie/Es wird beissen!
> エア/ズィー/エス ヴィルト バイセン！

／わたしも！
> Ich auch!
> イヒ アォホ！

114

どんな声かな
Wie klingt die Stimme?
ヴィー クリンクト ディ シュティメ?

――意外に高かったりして
Vielleicht hoch?
フィライヒト ホッホ?

／渋いんじゃん?
Vielleicht sehr tief?
フィライヒト ゼア ティーフ?

／こんなのどう?
Wie findest du das?
ヴィー フィンデスト ドゥー ダス?

なんか汚くない?
Ist es nicht schmutzig?
イスト エス ニヒト シュムッツィヒ?

――気のせいだよ
Nur in deiner Fantasie.
ヌァ イン ダイナー ファンタズィー

臭い!
Er/Sie/Es stinkt!!
エア／ズィー／エス シュティンクト!

彼等はカップルかな
Sind sie ein Paar?
ズィント ズィー アイン パール?

――そうみたいね
Sieht so aus.
ズィート ゾー アオス

／まさか
Bestimmt nicht!
ベシュティムト ニヒト!

／え～、そう思う?
Glaubst du?
グラォブスト ドゥー?

Wörter | 動物の鳴き声 Tierlaut ティアラォト

ヤギ／羊 — メーメー
die Ziege / das Schaf — Mäh(mäh)
ディ ツィーゲ／ダス シャーフ — メェー（メェー）

犬 — ワンワン
der Hund — Wauwau
デア フント — ヴァォ ヴァォ

猫 — ニャー
die Katze — Miau
ディ カッツェ — ミャォ

牛 — モー
die Kuh — Muh(muh)
ディ クー — ムー（ムー）

ライオン — ガオー
der Löwe — uahhhhhh
デア ロェーヴェ — ウァ——

小鳥 — ピーピー
das Vöglein — piep piep
ダス フェーグライン — ピープ ピープ

鳩 — ポッポー
die Taube — gurr gurrrrr
ディ タォベ — グル グルルルル

象 — パオ〜
der Elefant — töröööhhh
デア エレファント — トェルェェェー

116

| ベルリンで遊ぶ | Kapitel 3

3·03 映画館で
Im Kino イム キーノ

どこの映画が上映されてますか?
Aus welchem Land kommt der Film?
アォス ヴェルヒェム ラント コムト デア フィルム?

―インドのです
Aus Indien.
アォス インディエン

もう始まってますか?
Er hat schon lange angefangen?
エァ ハット ショーン ランゲ アンゲファンゲン?

―これから本編ですよ!
Er fängt gleich an!
エァ フェングト グライヒ アン!

／ちょうど予告編が終わったところです
Die Vorschau ist gerade zuende.
ディ フォァシャオ イスト ゲラーデ ツーエンデ

字幕はつきますか
Ist er mit Untertitel?
イスト エァ ミット ウンターティーテル?

―ドイツ語吹き替え版です
Er ist deutsch synchronisiert.
エァ イスト ドイチュ ズュンクロニズィーアト

何時に始まりますか?
Wann fängt er an? / Wann läuft er?
ヴァン フェングト エァ アン? / ヴァン ロイフト エァ?

―12時からと15時から
Um zwölf Uhr und fünfzehn Uhr.
ウム ツヴェルフ ウーア ウント フュンフツェーン ウーア

レイトショーはありますか?
Gibt es eine Spätvorstellung?
ギープト エス アイネ シュペートフォァシュテルング?

―週末だけです
Nur am Wochenende.
ヌア アム ヴォッヘンエンデ

／毎日やってます
Jeden Tag.
イェーデン ターク

入場料はいくらですか？
Wieviel kostet eine Karte?
ヴィフィール コステット アイネ カルテ？

—5.50ユーロです
5.50Euro (bitte).
フュンフ オイロ フュンフツィヒ（ビッテ）

学生割引ありますか？
Haben Sie Studentenermäßigung?
ハーベン ズィー シュトゥデンテンエァメースィグング？

—火曜日なら半額ですよ
Dienstags gibt es 50% Ermäßigung.
ディーンスタークス ギープト エス フュンフツィヒ プロツェント エァメースィグング

Spalte | 単なる吹き替え以上の吹き替え

　ドイツでは映画は字幕よりも吹き替えが主流です。その背景にはいろんな説があるみたいだけれど、ドイツ語の単語や表現というのが字幕にするには長すぎて、読めるスピードの限界を超えるというのがその内の一説みたい。吹き替えのクオリティはというと、これが結構良い。オリジナルの声に非常に近い声優のキャスティングで、時には本人かと思ってしまうほど。

　以前友達の家でちょうど放映されていたイギリスのモンティパイソンの映画を見ていた時のこと。最初、何気なく見ていた私の耳が気がついた→「あれ？これもしかしてドイツ語？」。その直後にさらに注意が耳に集中→「え？ でも皆異常にスムースに喋ってる」。その次の瞬間→「うそ！ もしかして練習してドイツ語でやっているの？」…。メンバーのバックグラウンドからこーんな妄想まで広がってしまったほど。もちろん結果は吹き替えでした。ちゃんちゃん。

3·04 バーで
In der Bar イン デア バー

何にしますか？
Was möchten Sie?
ヴァス モェヒテン ズィー？

―ビールください
Ein Bier bitte.
アイン ビーア ビッテ

―ビン代1ユーロ含まれてますからね
Auf der Flasche ist ein Euro Pfand.
アオフ デア フラッシェ イスト アイン オイロ プファント

ウイスキーダブル／シングルで
Ich möchte gerne doppelten/einen Wisky, bitte.
イヒ モェヒテ ゲァネ ドッペルテン／アイネン ヴィスキー、ビッテ

おごって？
Lädst du mich ein?
レッツト ドゥー ミヒ アイン？

―だめ
Auf keinen Fall!
アオフ カイネン ファル！

昨日も飲みすぎたー！
Ich habe gestern nacht wieder zuviel getrunken.
イヒ ハーベ ゲスターン ナハト ヴィーダー ツーフィール ゲトルンケン

―迎え酒だ！
Dann trink noch etwas Alkoholisches gegen deinen Kater!
ダン トリンク ノッホ エトヴァス アルコホーリッシェス ゲーゲン ダイネン カーター！

酔っ払っちゃった
Ich bin betrunken.* / Ich bin total zu.*
イヒ ビン ベトルンケン／イヒ ビン トタール ツー

―そうは見えないけど
Du siehst nicht so aus.
ドゥー ズィースト ニヒト ゾー アオス

カンパーイ！
Prost!
プロースト！

ドイツっぽいもの飲みたーい！
Ich würde gerne etwas typisch deutsches trinken!
イヒ ヴュルデ ゲァネ エトヴァス テューピッシュ ドイチェス トリンケン！

――イェーガーマイスター試してみる？
Willst du Jägermeister probieren?
ヴィルスト ドゥー イェーガーマイスター プロビーレン？

うげ、飲めない
Igitt, das kann ich nicht trinken.
イギット、ダス カン イヒ ニヒト トリンケン

――まだまだ練習が必要だなぁ
Du brauchst noch Übung.
ドゥー ブラォホスト ノッホ ユーブング

Wörter | ポピュラーなメニュー
die populäre Getränkekarte ディ ポプレーレ ゲトレンケカアテ

● アルコール der Alkohol デア アルコホール ● 食前酒 der Aperitif デア アペリティフ ● ビール das Bier ダス ビーア ● 黒ビール das Schwarzbier ダス シュヴァルツビーア ● 瓶ビール das Flaschenbier ダス フラッシェンビーア ● 生ビール das Fassbier ダス ファスビーア ● ピルスナー(日本のラガービールに近い) das Pilsner ダス ピルズナー ● シャンパン(フランス) der Champagner デア シャンパニャー ● シャンパン(ドイツ) der Sekt デア ゼクト ● シャンパン(イタリア) der Prosecco デア プロセコ ● ワイン der Wein デア ヴァイン ● 赤ワイン der Rotwein デア ロートヴァイン ● 白ワイン der Weißwein デア ヴァイスヴァイン ● ロゼ(ワイン) der Rosé デア ロゼー ● シェリー酒 der Sherry デア シェリー ● ラム der Rum デア ルム ● 焼酎 der Schnaps デア シュナップス ● ウイスキー der Whisky デア ヴィスキー ● ノンアルコール alkoholfreie Getränke アルコホールフライエ ゲトレンケ ● コーラ die Cola ディ コーラ ● オレンジジュース der Orangensaft デア オランジェンザフト ● りんごジュース der Apfelsaft デア アプフェルザフト ● りんごソーダ die Apfelsaftschorle ディ アプフェルザフトショルレ ● コーヒー der Kaffee デア カフェ ● ミルク die Milch ディ ミルヒ ● 水 das Wasser ダス ヴァッサー ● 炭酸入り/なし mit/ohne Kohlensäure ミット/オーネ コーレンゾイレ ● 水道水 das Leitungswasser ダス ライトゥングスヴァッサー

| ベルリンで遊ぶ | Kapitel 3

3·05 クラブで
Im Klub イム クルプ

入場料はいくらですか？
Wieviel kostet der Eintritt?
ヴィフィール コステット デア アイントリット？

—5ユーロです
Fünf Euro.
フュンフ オイロ

今は混んでますか？
Ist es gerade voll?
イスト エス ゲラーデ フォル？

今日のDJ誰？
Wer legt heute auf?
ヴェァ レークト ホイテ アオフ？

—スイスからのDJらしいよ
Ich habe gehört, dass der DJ aus der Schweiz ist.
イヒ ハーベ ゲホェールト、ダス デア ディージェイ アオス デア シュヴァイツ イスト

今日の音楽、何系？
Was für Musik?
ヴァス フュア ムズィーク？

—ハードなエレクトロ（テクノ）だって
Harter Elektro (Techno).
ハルタァ エレクトロ（テクノ）

選曲いいね
Eine gute Auswahl.
アイネ グーテ アオスヴァール

—鳥肌もの！
Man kriegt Gänsehaut!
マン クリークト ゲンゼハオト！

あの人かわいいね
Er (Sie) ist hübsch.
エァ（ズィー）イスト ヒュプシュ

—あんまりタイプじゃないな
Nicht mein Fall.
ニヒト マイン ファル

このDJ最低
 Dieser DJ ist blöd.
 ディーゼア ディージェイ イスト ブレート

―けっこうキテるよね
 Ja, er ist ziemlich unerträglich.
 ヤー、エア イスト ツィームリヒ ウンエアトレークリヒ

お金返して欲しいよね
 Ich will mein Geld zurück!
 イヒ ヴィル マイン ゲルト ツリュック！

―腹がたつ！
 Das geht mir auf die Nerven.
 ダス ゲート ミア アオフ ディ ネアフェン

ここよく来るの？
 Kommst du oft hierher?
 コムスト ドゥー オフト ヒアヘア？

―うん、毎週！
 Ja, jede Woche!
 ヤー、イェーデ ヴォッヘ！

来週もやってる？
 Ist nächste Woche dasselbe?
 イスト ネヒステ ヴォッヘ ダスゼルベ？

―再来週だね
 Nein, erst in zwei Wochen wieder.
 ナイン、エアスト イン ツヴァイ ヴォッヘン ヴィーダー

| ベルリンで遊ぶ | Kapitel 3

Spalte | 人気のクラブ、チェック方法は？

　ドイツの夏は短いけど熱い！ ドイツの冬は長くてマジで凍えるけれどこれも熱い！ それはもちろん天気の内容ではなくてクラブの内容のこと。基本的に一年中、巷ではたくさんのクラブ活動が行われているので、どこに行くか迷うこともしばしば。そこで流行のバロメーターとして皆がチェックする方法があります。それはクラブの前に停まっている自転車の数。

　自転車移動（利用）人口が多いベルリンでこの自転車チェックはかなり信憑性が高いのです。だから、例えばクラブに行く予定がない日でも、通りを歩いていて大量の駐輪現場を目撃したら、そのクラブに飛び込んでみることをお勧めします。逆に、超期待のイベントでも自転車が数台しか停まっていなかったら、要注意。ベルリンクラブ人気チェックは実は自転車の台数がキーなのです。

ベルリン おすすめmap
【クラブ篇】

Ⓐ Nbi

Schönhauserallee 157, 10435
U2 Senefelder Platz
www.neueberlinerinitiative.de

ベルリンラウンジエレクトロの中心的存在。

Ⓑ Bastard

Kastanienallee 7-9, 10435
U2 Eberswarlder strasse

ドイツレストランPraterと同じ敷地にあるライブハウス。バンド・エレクトロのライブ・ポエトリーバトルなど種類豊富なプログラム。

Ⓒ WMF-Cafe Moskau

Karl-Marx-Allee34
U5 Weberwiese
www.wmfclub.de

ライブ・DJ、内容・内装どちらも楽しめるクラブ。

| ベルリンで遊ぶ | Kapitel 3

D Maria

Stralauerstrasse Platz 34-35, 10243
An der Schllingbrücke
S Ostbahnhof
www.clubmaria.de

とにかく広い。トランスメディアーレ会場にもなった。旧東エリアクラブめぐりのスタート地点？

E Tresor

Leipzigerstrasse 126, 10117
U2, U12 & S Potsdamer Platz
www.tresorberlin.de
Wed/Fri/Sat 23:00-

テクノ老舗中の老舗。常に閉店・移転の噂に包まれつつ納得のプログラムを依然として展開中。

3.06 パーティーで
Party パーティー

パーティーに来ない？
Kommst du mit zur Party?
コムスト ドゥー ミット ツア パーティー？

―行きたい！
Ja, gerne! *
ヤー、ゲァネ！

／何時？
Um wieviel Uhr denn? / Wann denn?
ウム ヴィフィール ウーア デン？／ヴァン デン？

どこで？
Wo ist die Party denn?
ヴォー イスト ディ パーティー デン？

―ヤンの家でパーティーやるよ
Es ist eine Party bei Jan.
エス イスト アイネ パーティー バイ ヤン

ミヒャエルも来るよ
Michael kommt auch.
ミヒャエル コムト アォホ

―じゃあ、話は別！ 行くわよ
Das ist was anderes - dann komme ich natürlich mit!
ダス イスト ヴァス アンデレス ・ ダン コメ イヒ ナテューリヒ ミット！

―何人くらいいるの？
Wieviel Leute sind denn da?
ヴィフィール ロイテ ズィント デン ダー？

―何か持っていくものはある？
Soll ich etwas mitbringen?
ゾル イヒ エトヴァス ミットブリンゲン？

飲み物持ってきてね
Bitte bring etwas zum Trinken mit!
ビッテ ブリンク エトヴァス ツム トリンケン ミット！

誕生日パーティー行く？
Gehst du zu der Geburtstagsparty?
ゲースト ドゥー ツー デア ゲブゥアツタークスパーティ？

―誰の？
Von wem?
フォン ヴェーム？

家でパーティーするけど来る？
Möchtest du zu meiner Party kommen?
モェヒテスト ドゥー ツー マイナー パーティー コメン？

―行く行く！
Gerne! *
ゲァネ！

／友達誘ってもいい？
Kann ich meine Freunde mitbringen?
カン イヒ マイネ フロインデ ミットブリンゲン？

―もちろん！
Natürlich!
ナテューァリヒ！

／まずいかも
Das ist vielleicht nicht so eine gute Idee.
ダス イスト フィライヒト ニヒト ゾー アイネ グーテ イデー

お誕生日おめでとう
Herzlichen Glückwunsch! / Alles Gute zum Geburtstag!
ヘァツリッヒェン グリュックヴンシュ！／アレス グーテ ツム ゲブゥァツターク！

―ありがとう、幸せだなー
Oh, danke. Ich freue mich.
オー，ダンケ．イヒ フロイエ ミヒ

ご出産おめでとう
Alles Gute zur Geburt!
アレス グーテ ツァ ゲブゥァト！

―うれしいなあ
Ich bin sehr, sehr glücklich.
イヒ ビン ゼァ，ゼァ グリュックリヒ

結婚おめでとう
Alles Gute zur Hochzeit!
アレス グーテ ツァ ホッホツァイト！

結婚何年目？
Wie lange seid ihr schon verheiratet?
ヴィー ランゲ ザイト イァ ショーン フェアハイラーテット？

ご招待ありがとう
Vielen Dank für die Einladung!
フィーレン ダンク フュア ディ アインラードゥング!

―そこにビュッフェがあるからたくさん食べていってね!
Dort drüben ist das Büfett. Bitte esst alles auf!
ドァト ドリューベン イスト ダス ビュフェット. ビッテ エスト アレス アォフ!

メリークリスマス
Fröhliche Weihnachten! / Frohe Weihnachten!
フローリッヒェ ヴァイナハテン! / フローエ ヴァイナハテン!

―はい、プレゼント!
Hier, ein Geschenk für dich.
ヒァ、アイン ゲシェンク フュア ディヒ

あけましておめでとう
Schönes neues Jahr! / Frohes neues Jahr!
シェーネス ノイエス ヤー! / フローエス ノイエス ヤー!

卒業おめでとう
Glückwunsch zu deinem Abschluss!
グリュックヴンシュ ツー ダイネム アップシュルス!

はじめまして
Schön, dich zu treffen!
シェーン, ディヒ ツー トレッフェン!

今回初めて来たの!
Ich bin zum ersten Mal hier.
イヒ ビン ツム エァステン マール ヒァ

あなたって面白いね!
Du bist aber gut drauf!
ドゥー ビスト アーバー グート ドラォフ

―そう?
Echt? **
エヒト?

／わたしもそう思う
Finde ich auch.
フィンデ イヒ アォホ

あー楽しい!!
Wooow, das ist super!
ヴォーウ, ダス イスト ズーパー!

130

| ベルリンで遊ぶ | Kapitel 3

Spalte | 過去最高のパーティーは？

　友達の誕生日会レベルのプライベートなものから、フライヤーの出回るオフィシャルなものまで、今までパーティーにはいろいろ行ったけれど、最も印象深いパーティーNo.1はBunker（ブンカー）（ヒトラー時代の防空壕）で開かれたパーティー。

　これは始まりからしてとてもアドベンチャー度が高かった。まず情報はSMS（携帯メール）やインターネット上で誰彼ともなく回って来ます。内容は、①指示された待ち合わせ場所に、②指示された時間に行って、③合言葉を言う、というもの。ベルリンの壁が崩れた当時はこう行ったゲリラ的なパーティーがたくさんあったと耳にはしていたけれど、体験できるとは思っていなかった私。何が起こるのか不安もありつつ、好奇心が勝った格好で指示された一角へ。最初は人影まばらの普段は何の変哲もないその通りの一角が、情報に誘われて辿り着いた人達で徐々に混み合ってきます。予定の時間になっても何も起こる気配はなく「ガセネタか？」とざわつき始める人々…と、そこにボディーガード風のちょい強面の兄ちゃんが別の一角から現れた！　かと思うと無言で私達を含む一団を目的地まで導いて行きました。「きゃー、やっぱり本当だった」とワクワクしつつも、黙々と後をついていく一団。暗闇の中を蝋燭の明かりを頼りに建物の中へ。想像していなかった入り組んだ作りに位置感覚を麻痺された頃、パーティー会場へ到着!!

　と、ここまでの体験からのアドレナリンの出具合とは一変して通常のパーティー同様ドアチャージあり、レッドブルやスミノフのバーカウンターありと、拍子抜けするくらいの実は普通のメジャーパーティーでしたが、前奏の素晴らしさから私の歴代パーティー第1位の座に今も輝いてます。

素敵！
 Unglaublich! *
 ウングラォブリヒ！

／気持ちいい!!!
 Mir geht's so gut!!!
 ミァ ゲーツ ゾー グート！

いいTシャツだね
 Dein T-Shirt ist toll.
 ダイン ティーシャート イスト トル

―わたしも気に入ってるよ
 Ich mag es auch gerne.
 イヒ マーク エス アォホ ゲァネ

その靴どこで買ったの？
 Wo hast du diese Schuhe gekauft?
 ヴォー ハスト ドゥー ディーゼ シューエ ゲカォフト？

―ミッテ(東京)にあるショップで
 Ich habe sie in Mitte (Tokio) gekauft.
 イヒ ハーベ ズィー イン ミッテ (トーキオ) ゲカォフト

今度また遊ぼうよ
 Wir müssen bald wieder ausgehen!
 ヴィア ミュッセン バルト ヴィーダー アォスゲーエン！

―明後日時間あるよ
 Ja, übermorgen habe ich Zeit.
 ヤー, ユーバーモァゲン ハーベ イヒ ツァイト

電話番号おしえて
 Gibst du mir deine Telefonnummer?
 ギープスト ドゥー ミァ ダイネ テレフォーンヌマー？

―わたしもおしえて
 Gib mir auch deine.
 ギープ ミァ アォホ ダイネ

／またここで会えるよ
 Wir sollten uns nochmal (hier) treffen.
 ヴィア ゾルテン ウンス ノッホマル (ヒァ) トレッフェン

▶ 通りを通行止めにしてのローラーブレード大会。1年に数回あります。

今度かけるね
　Ich rufe dich an.
　イヒ　ルーフェ　ディヒ　アン

―うん、待ってる
　Ja, ich warte darauf.
　ヤー、イヒ　ヴァルテ　ダラォフ

今度、あそこのクラブ行かない?
　Sollen wir vielleicht mal in den Klub gehen?
　ゾレン　ヴィア　フィライヒト　マル　イン　デン　クルブ　ゲーエン?

―いいの? そこ
　Ist er gut?
　イスト　エア　グート?

知り合えて良かったな
　Ich freue mich sehr, dich kennengelernt zu haben.
　イヒ　フロイエ　ミヒ　ゼア、ディヒ　ケネンゲレアント　ツー　ハーベン

―本当だね
　Ja, ich mich auch.
　ヤー、イヒ　ミッヒ　アォホ

日本には何回も行ったことがあるよ
　Ich war schon mehrmals in Japan.
　イヒ　ヴァー　ショーン　メアマールス　イン　ヤーパン

―何回?
　Wie oft?
　ヴィー　オフト?

／どこに?
　Wo denn?
　ヴォー　デン?

日本に興味ある?
　Interessierst du dich für Japan?
　インテレズィーアスト　ドゥー　ディヒ　フュア　ヤーパン?

―映画はたくさん見たことあるよ
　Ich habe viele japanische Filme gesehen.
　イヒ　ハーベ　フィーレ　ヤパーニッシェ　フィルメ　ゲゼーエン

| ベルリンで遊ぶ | Kapitel 3

Spalte | パレード＆カーニバル —— 語り継がれる「mask2000」

　6月ともなると街中はすでに「夏よ来い」の押し押せムード。7月中旬に毎年行われている"ラブパレード"は世界的に有名だけれど、毎週末、いろんな催し物が目白押しになります。クロイツベルクのカーニバル、クーダムのゲイパレード、ラブパレードに対抗する形で始まったヘイトパレード、マリファナ合法化運動のヘンプパレードなどなど。8月の終わりまで続きます。

　ベルリンに来るきっかけは？の質問にあえて答えれば、それは「ラブパレードを冷やかしに」というものでした。これまたベルリンを訪れるきっかけになったと言えるタイで意気投合したドイツ人の友達とタイの中華街で大量に仕入れた「仮面ライダー」のお面を売ろうという計画がそもそもの発端。本人達はかなりノリノリ。2000年だったからお面も2000枚！なんて意気揚揚と仕入れに私達。プロジェクト名も「mask2000」。中華街での値段交渉なんかもかなり本気だったもんね。タフな中国人のおばちゃん相手に電卓持って。

　さてさて、当日はと言えば…、ガーン。お天気さえも味方してくれなかった〜。2000年の夏は非常に冷夏だったのです。本当なら水着同然の姿で太陽の下楽しむはずのラブパレードも、曇り空の下木枯らし吹いて…、お面は売れないし、寒いしで、惨憺たる結果に。その後1年程はマスクの「マ」の字さえも私達の間で禁句になりました。（最近ようやく冗談にできるようになってきた。）冷やかしに行ったつもりが冷やかされたラブパレード2000。当時すでに下火になったとは言われていたけれど、参加しちゃえばやっぱり楽しい夏のお祭りです。

地震体験したことある?
Hast du schon einmal ein Erdbeben mitbekommen?
ハスト ドゥー ショーン アインマル アイン エァトベーベン ミットベコメン?

——恐いよね〜
Es ist ziemlich entsetzlich.
エス イスト ツィームリヒ エントゼッツリヒ

日本料理好き?
Magst du japanisches Essen?
マークスト ドゥー ヤパーニッシェス エッセン?

——好き
Ja!
ヤー!

／苦手かも
Nicht so gerne.
ニヒト ゾー ゲァネ

／まあまあ
Es geht so.
エス ゲート ゾー

ドイツ語難しいね
Deutsch ist schwer.
ドイチュ イスト シュヴェア

——日本語の方が難しいよ!
Japanisch ist noch schwerer!
ヤパーニッシュ イスト ノッホ シュヴェーラー!

ベルリン大好き!
Ich liebe Berlin!
イヒ リーベ ベァリーン!

また来たいな
Ich möchte gerne wiederkommen.
イヒ モェヒテ ゲァネ ヴィーダーコメン

▶ ベルリンに長く住むと見るだけで何故かほっとするアレックスタワー。

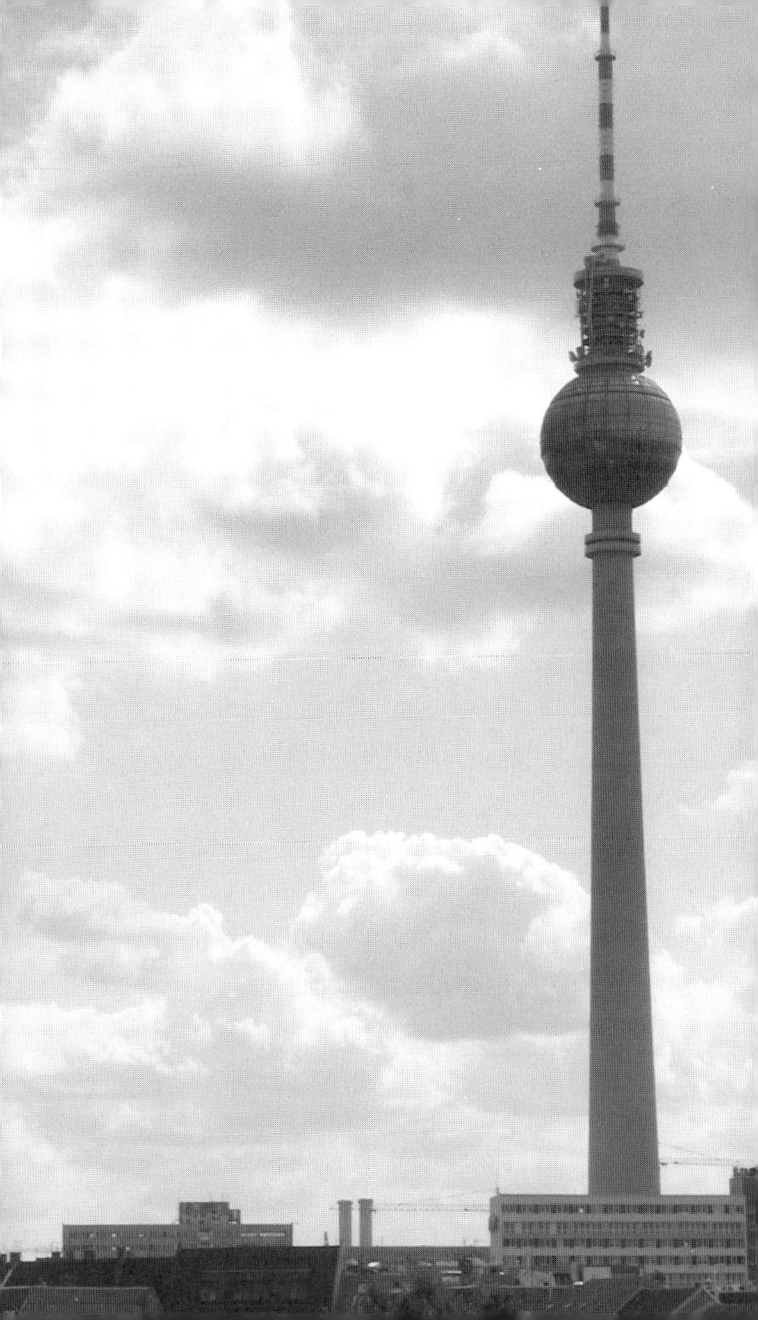

3·07 音楽についての会話
Unterhaltung: Musik ウンターハルトゥング：ムズィーク

レコード買いたい
Ich möchte Platten kaufen.
イヒ モェヒテ プラッテン カォフェン

―何系？
Was für/welche?
ヴァス フュア/ヴェルヒェ？

レゲエのレコードが欲しい
Ich möchte Reggae Platten kaufen.
イヒ モェヒテ レゲエ プラッテン カォフェン

テクノだったらどのクラブがいちばんいい？
Welcher Klub ist am besten für Techno?
ヴェルヒャー クルブ イスト アム ベステン フュア テヒノ？

―トレゾーはいつも良いのやってるよ
Der Tresor hat immer ein gutes Line-Up.
デア トレゾーア ハット イマー アイン グーテス ラインナップ

ジャズバンドが聞けるクラブある？
Gibt es einen Klub, wo man Jazz hören kann?
ギープト エス アイネン クルブ, ヴォー マン ジャズ ホェーレン カン？

―B♭ならセッションやってるよ
Im B♭ sind oft Sessions.
イム ビーフラット ズィント オフト セッションス

ヘビーだねぇ～
Ohoh, das ist ganz schön heftig, oder?
オーオー, ダス イスト ガンツ シェーン ヘフティヒ, オーダー？

―私こういうの好き！
Ich mag so was!
イヒ マーク ゾー ヴァス！

映像とマッチしてるねぇ
Das passt zu den Visuals.
ダス パスト ツー デン ヴィジュアルス

―本当だ！
Ja, ganz genau!
ヤー, ガンツ ゲナォ！

ここの音いいねぇ
Das Soundsystem hier ist sehr gut.
ダス サウンドシステム ヒア イスト ゼア グート

―スピーカーが違うもんね
Die Boxen hier sind besonders gut.
ディ ボクセン ヒア ズィント ベゾンダァス グート

クラシックのコンサートに行きたいんだけど
Ich möchte in ein klassisches Konzert.
イヒ モェヒテ イン アイン クラスィッシェス コンツェアト

―やっぱフィルハーモニーでしょ！
Dann musst du in die Philharmonie gehen!
ダン ムスト ドゥー イン ディ フィルハルモニー ゲーエン！

チケットはどこで買うの？
Wo kann man eine Karte kaufen?
ヴォー カン マン アイネ カルテ カオフェン？

前売り買いに行こうかな
Ich überlege, eine Karte im Vorverkauf zu kaufen.
イヒ ユーバーレーゲ, アイネ カルテ イム フォアフェアカオフ ツー カオフェン

もう売りきれちゃったって
Die Aufführung ist schon ausverkauft.
ディ アオフフュールング イスト ショーン アオスフェアカオフト

―ガーン
Ohhh nein.
オー ナイン

／ダフ屋がいるかも
Vielleicht können wir eine Karte schwarz kaufen.
フィライヒト コェネン ヴィア アイネ カルテ シュヴァルツ カオフェン

Spalte | FLECKFUMIE ── 頭小さく、行動大きく
フレックフミエ

　出会いは異なもの乙なものとは言うけれど、本当にそうだなぁと特にベルリンに来てからつくづく思います。それもこれも、ドイツに来る前の4ヶ月余りの旅が、人との出会いの大切さを改めて気づかせてくれたからだなと思います。Fleckとの出会いもその「オツなもの」の最たるものと言えます。

　とあるカフェの入り口で「おやすみなさーい」と、こなれた日本語でFleckに挨拶された私達。交換レッスンが最初の目的で知り合ったのだけど、自己紹介をしていくうちにどちらも音楽をやっていることを発見。2回目のミーティングではお互いの音源を交換し合い、3度目にはマイクの前に座っていた私。その後、何とはなしに録音を重ね、2ヶ月後には4曲のデモが仕上るところまで事が発展していきました。もちろん、最初は引っ込み思案の例に漏れず内心ためらった私だったけれど、自分を推してマイクの前に座った向こう見ずな行動というか、行き当たりばったりの思いつきをしたその時の自分に今では感謝さえしています。人間たまには無鉄砲に何かにトライすることも大事なんだなぁと、頭でっかちになりがちな自分への良い教訓になった出会いでした。

| ベルリンで遊ぶ | Kapitel 3

Wörter | 音楽用語 die Musik ディ ムズィーク

● エコー das Echo ダス エヒョー ● ループ der Loop デア ループ ● BPM bpm ベーペーエム ● ポップ der Pop デア ポップ ● ジャジー Jazzig ヤッツィッヒ ● サウンド der Schall デア シャル ● ハウリング das Pfeifen ダス プファイフェン ● フィードバック die Rückkopplung ディ リュックコップルング ● ノイズ der Lärm デア レルム ● スクラッチ das Scratchen ダス スクラッチェン ● グルーブ das Groove ダス グルーヴ ● 曲 das Lied / der Track ダス リート／デア トラック ● 歌う singen ズィンゲン ● 歌詞 die Texte ディ テクステ ● メロディー die Melodie ディ メロディー ● 作曲 das Werk / die Komposition ダス ヴェルク／ディ コンポズィツィオーン ● アレンジ das Arrangement ダス アランジュマン ● 即興 die Improvisation ディ インプロヴィザツィオーン ● アンビエント die Ambionce ディ アンビオンセ ● ボーカル die Stimme ディ シュティメ ● 楽器 Instrumente インストゥルメンテ ● バイオリン die Geige ディ ガイゲ ● バス der Kontrabass デア コントラバス ● フルート die Querflöte ディ クヴェーアフローテ ● ハープシコード das Cembalo ダス チェンバロ ● ホルン das Horn ダス ホルン ● トランペット die Trompete ディ トロンペーテ ● サックス das Saxophon ダス ザクソフォン ● ピアノ das Klavier ダス クラヴィーア ● ティンパニ die Pauke ディ パオケ ● アコーディオン das Akkordeon ダス アコルデオン ● ギター die Gitarre ディ ギタレ ● ドラム das Schlagzeug ダス シュラークツォイク ● シンバル die Becken ディ ベッケン ● パーカッション die Schlaginstrumente ディ シュラークインストゥルメンテ ● ヘッドフォン der Kopfhörer デア コプフヘーラー ● スピーカー die Lautsprecher / die Box(en) ディ ラオトシュプレッヒャー／ディ ボクス (ボクセン) ● マイク das Mikrofon ダス ミクロフォーン ● ターンテーブル der Plattenspieler デア プラッテンシュピーラー ● ミキサー das Mischpult / der Mixer ダス ミシュプルト／デア ミクサー ● アンプ der Verstärker デア フェアシュテァカー ● レコード die Shallplatte(en) ディ シャルプラッテ(ン)

141

Wörter | 音楽感覚 Musikbeschreibung ムズィークベシュライブング

● もっと早く schneller シュネラー ● もっと遅く langsamer ラングザーマー ● ベース強く Bass heftiger バス ヘフティガー ● ベース弱く Bass schwacher バス シュヴァッハー ● ぬけがよい klarer Sound クラーラー サウンド ● ぬけが悪い muffliger Ton ムッフリガー トーン ● リズミカル rhythmisch リュトミッシュ ● 重たい schwer シュヴェア ● 軽い leicht ライヒト ● 透き通ってる transparenter Sound トランスパレンタ― サウンド ● にごってる gedämpfter Sound ゲデンプフター サウンド ● くさい～（誉め言葉／悪い意味）krass***** クラース ● きれいな sauber ザォバー ● 汚い dreckig ドレッキヒ ● ゆるいグルーブ laidback Groove レイドバック グルーブ ● もたってる schleppt シュレップト

| ベルリンで遊ぶ | Kapitel 3

3·08 けんか
Streit シュトライト

あっち行ってください！
Lassen Sie mich in Ruhe!
ラッセン ズィー ミヒ イン ルーエ！

最悪〜！
Ich habe die Nase voll. / Ich bin verärgert!* / angepisst!*
イヒ ハーベ ディ ナーゼ フォル／イヒ ビン フェアエァガート／アンゲピスト

悪いけど、音楽が聞きたいんだ
Tut mir leid, aber ich möchte Musik hören.
トゥート ミア ライト、アーバー イヒ モェヒテ ムズィーク ホェーレン

どいて！
Hau ab!
ハォ アップ！

―気をつけてよ！
Pass auf! / Sei vorsichtig!
パス アォフ！／ザイ フォアズィヒティヒ！

静かにしてください
Sei bitte still.
ザイ ビッテ シュティル

誰か助けて！
Hilfe!
ヒルフェ！

警察を呼びますよ！
Ich rufe die Polizei!
イヒ ルーフェ ディ ポリツァイ！

不公平だぁ！
Das ist nicht fair!
ダス イスト ニヒト フェア！

飽きちゃったよ
Ich bin es satt. / Ich habe die Schnauze voll.
イヒ ビン エス ザット／イヒ ハーベ ディ シュナォツェ フォル

信じらんない！
Unglaublich! *
ウングラォブリヒ！

／げ〜
Bäh! **
ベー！

／畜生！
Fuck! * / Scheiße! *** / Kacke! *****
ファック！／シャイセ！／カッケ！

Spalte | 文句言ってナンボ

　ドイツ人は議論好きと言われるけれど、それが度を越すと人々は文句言いになる、気がする。言語の性格上、語気が強いドイツ語で文句を言われたり、注意されたりすると（ドイツ人は注意するのも好き）正直びびる。でーも、ここでひるんではいけないのではと最近思うようになった。この場合、ドイツ語での「戦い」になるので、どう考えてもこっちはハンディ持ち。「だけどそれがどうなのよー！」と言わんばかりに知っている表現で言葉を発することが大事なのです。相手が何を言っていても、勢いに負けて閉口してしまったらラウンド終了。

　私は未だにドイツ語でこの手の激しい喧嘩をしたことはないけれど、路上でたまに繰り広げられている喧嘩（口論）を見ると「はーん、勢いが大事なのね」と観察しているわけです。

　でもね…、やっぱり喧嘩はしないほうがいいですよね。

3·09 あやまる
Entschuldigung エントシュルディグング

すみません
Entschuldigung.
エントシュルディグング

ごめんね
Tut mir leid.
トゥート ミア ライト

痛かった？
Habe ich dir / Ihnen wehgetan?
ハーベ イヒ ディア／イーネン ヴェーゲタン?

―大丈夫
Nein, alles okay.
ナイン, アレス オケー

遅れちゃった、ごめん
Tut mir leid, dass ich zu spät bin.
トゥート ミア ライト, ダス イヒ ツー シュペート ビン

壊しちゃった…
Tut mir leid, er/sie/es ist kaputtgegangen.
トゥート ミア ライト, エア／ズィー／エス イスト カプットゲガンゲン

―いいよ、いいよ
Macht nichts.**
マハト ニヒツ

ごめん、君の本なくしちゃった…
Tut mir leid, ich habe dein Buch verloren.
トゥート ミア ライト, イヒ ハーベ ダイン ブフ フェァローレン

わざとじゃないんだよ
Ich habe es nicht so gemeint.
イヒ ハーベ エス ニヒト ゾー ゲマイント

あれは嘘だったんだ
Ich habe gelogen.
イヒ ハーベ ゲローゲン

―なーんだ
Ach so! **
アッハ ゾー!

3・10 美術を観る
Kunst クンスト

現代美術が観たいな
Ich möchte zeitgenössische Kunst sehen.
イヒ モェヒテ ツァイトゲネースィッシェ クンスト ゼーエン

―それならナショナルギャラリーかハンブルガーバンホフがいいと思うよ
Dann solltest du in die Nationalgalerie oder in den Hamburger Bahnhof gehen.
ダン ゾルテスト ドゥー イン ディ ナツィオナルガレリー オーダー イン デン ハンブルガー バーンホフ ゲーエン

／どっかのギャラリーに行くっていう手もあるよ
Man könnte in eine Galerie gehen.
マン コェンテ イン アイネ ガレリー ゲーエン

写真が観たい
Ich möchte Fotografie sehen.
イヒ モェヒテ フォトグラフィー ゼーエン

―情報誌で調べるといいよ
Man kann im Stadtmagazin nachsehen, wo was los ist.
マン カン イム シュタットマガツィーン ナハゼーエン, ヴォー ヴァス ロス イスト

何か面白いギャラリーを知ってる？
Weißt du eine interessante Galerie?
ヴァイスト ドゥー アイネ インテレサンテ ガレリー

古い絵画が観たいんだけど
Ich möchte alte Gemälde sehen.
イヒ モェヒテ アルテ ゲメールデ ゼーエン

―カルチャーフォーラムに行くといいよ
Dann solltest du ins Kulturforum gehen.
ダン ゾルテスト ドゥー インス クルトゥーアフォールム ゲーエン

建築を観たいんだけど
Ich möchte Architektur sehen.
イヒ モェヒテ アルヒテクトゥーア ゼーエン

―古いもの？ 新しいもの？
Alte oder neue?
アルテ オーダー ノイエ？

ここの専門は何ですか？
Worauf ist diese Galerie spezialisiert?
ヴォーライフ イスト ディーゼ ガレリー シュペツィアリズィーアト？

―海外のアーチストが多いですよ
Wir haben viele ausländische Künstler.
ヴィア ハーベン フィーレ アオスレンディッシェ キュンストラー

| ベルリンで遊ぶ | Kapitel 3

これは誰の作品ですか？
Von wem ist diese Skulptur/dieses Video/dieses Bild/diese Grafik?
フォン ヴェーム イスト ディーゼ スクルプトゥーア／ディーゼス ヴィデオ／ディーゼス ビルト／ディーゼ グラフィーク？

――XXXさんです
Sie/Es ist von XXX.
ズィー／エス イスト フォン XXX

どこの人ですか？
Woher kommt er/sie?
ヴォヘァ コムト エァ／ズィー？

――オランダの作家です
Aus den Niederlanden.
アォス デン ニーダーランデン

カタログはありますか？
Haben Sie einen Katalog zu der Ausstellung?
ハーベン ズィー アイネン カタローク ツー デァ アォスシュテルング？

――2階で売っています
Oben in der ersten Etage können Sie einen kaufen.
オーベン イン デァ エァステン エタージェ コェネン ズィー アイネン カォフェン

Spalte | 自然と足を運びたくなる企画

　ベルリンでは、毎月第1日曜日はほぼ全部の美術館が入場無料になります。特に興味の惹かれる展示がやっていても、いなくても、建物自体が素晴らしいのでこれはとてもお得なチャンス。普段よりも若干混むという難点はあるけれど、日本のそれに比べたらまだ空いているとさえも言えるほどだし。

　これ以外のイベントとしては"Lange Nacht Museum"(長い夜の美術館)。これは年に2回行われる企画で文字通り美術館が夜の12時まで開いているというもの。この企画に合わせて館内コンサートやお芝居、ドリンクバーやスナックの屋台が出たりと、ちょっとしたお祭りになります。特に夏の終わりに行われる"Lange Nacht Museum"は、去り行く夏の最後の晩を惜しむ感じでちょっと切ない雰囲気さえも味わえます。

| ベルリンで遊ぶ | Kapitel 3

Wörter | 美術用語 Kunst クンスト

● 絵画 das Gemälde ダス ゲメールデ ● インスタレーション die Installation ディ インスタラツィオーン ● デザイン das Design ダス ディザイン ● ポスター das Plakat ダス プラカート ● はがき die Postkarte ディ ポストカルテ ● カタログ der Katalog デア カタローク ● 写真集 das Fotoalbum ダス フォートアルブム ● 絵画集 die Gemäldesammlung ディ ゲメールデザムルング ● 作品集 die Sammlung ディ ザムルング ● アート die Kunst ディ クンスト ● アカデミズム der Akademismus デア アカデミスムス ● アクリル絵の具 die Acrylfarbe ディ アクリールファルベ ● ヴィデオ・アート die Videokunst ディ ヴィデオクンスト ● エッチング der Kupferstich デア クプファーシュティッヒ ● オタク der Maniac デア マニアック ● オブジェ das Objekt ダス オブイェクト ● キュレーター der Kurator デア クラトーア ● 貸画廊 die Mietgalerie ディ ミートガレリー ● 画商／ギャラリスト der Galerist デア ガレリスト ● グラフィック grafisch / die Grafik グラーフィッシュ／ディ グラーフィック ● クラフト das Handwerk ダス ハントヴェァク ● 現代美術 zeitgenössische Kunst ツァイトゲネーシッシェ クンスト ● コピー die Kopie ディ コピー ● コラージュ die Collage ディ コラージェ ● コラボレーション die Zusammenarbeit ディ ツザメンアルバイト ● コンセプチュアル・アート die Konzeptkunst ディ コンツェプトクンスト ● サウンドスケープ die Geräuschkulisse ディ ゲロイシュクリッセ ● 作者 der Autor デア アオトァ ● サブカルチャー die Subkultur ディ ズプクルトゥーァ ● ジャポニスム der Japanismus デア ヤパニスムス ● ジャンク der Schrott デア シュロット ● アートジャンル die Kunstrichtung ディ クンストリヒトゥング ● 趣味 der Geschmack デア ゲシュマック ● シュルレアリスム der Surrealismus デア ズレアリスムス ● キャンバス die Leinwand ディ ラインヴァント ● シンプル einfach アインファッハ ● シンメトリー die Symmetrie ディ ズュンメトリー ● 静物画 das Stillleben ダス シュティルレーベン ● 装飾 die Verzierung ディ フェァツィールング ● 想像力 die Vorstellungskraft ディ フォアシュテルングスクラフト ● タイポグラフィ die Typographie ディ テュポグラフィー ● ディテール das Detail ダス デタ―イ

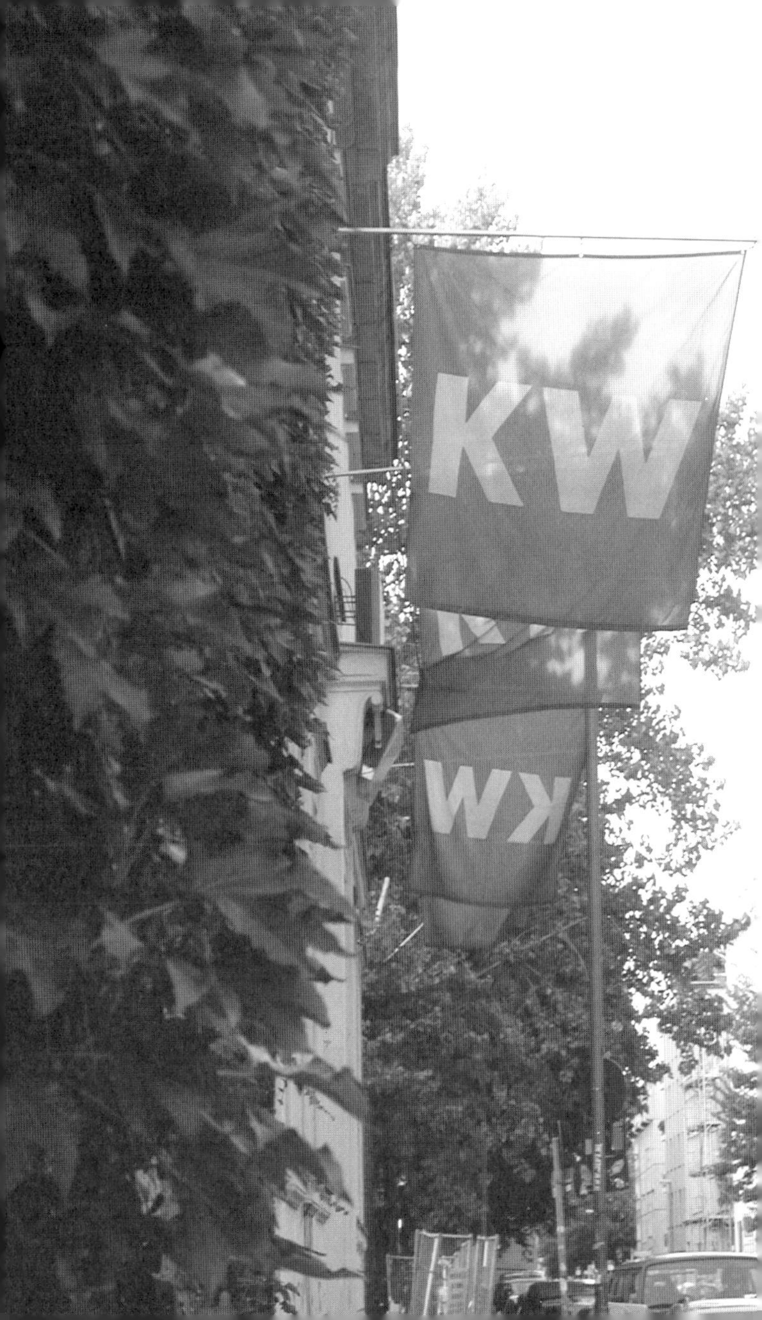
KW

ベルリン おすすめmap
【美術館&ギャラリー篇】

Ⓐ Bauhaus Archiv

Klingelhöferstrasse 14, 10785
U2, U12, U15 Nollendorfplatz
Bus 100, 129, 187, 341
030/254 00 20
www.bauhaus.de
Mon-Sun 10:00-17:00　休館日 Tue

ドイツと言えばの王道だけれど、やっぱり良い。

Ⓑ Jüdisches Museum Berlin

Lindenstrasse 9-14, 10969
U1, U6, U15 Hallesches Tor or U6 Kochstrasse
Bus 129, 240, 241
030/25 99 33 00
www.jmberlin.de
Mon-Sun 10:00-20:00

建築自体がアート作品の美術館。

Ⓒ Martin Gropius Bau

Niederkirchnerstrasse 7, 10963
U2, S Potzdamer Platz or S1, S2, S25 Anhalter Bahnhof
Mon-Son 10:00-20:00　Sat 10:00-22:00
休館日 Tue

内容充実、展示センスの良い美術館。

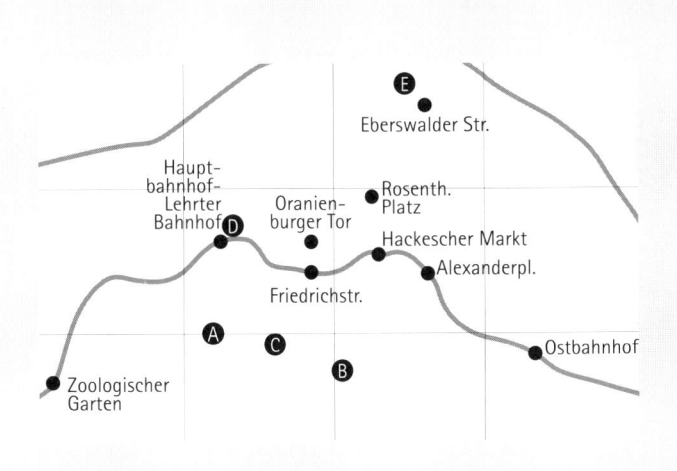

| ベルリンで遊ぶ | Kapitel 3

**Ⓓ Hamburger Bahnhof,
Museum für Gegenwart**

Invalidenstrasse 50-51, 10115
S Lehrter Bahnhof or U6 Zinnowitzer strasse
Bus 245, 248, 340, Tram 6, 8, 50
030/397 83 40
www.hamburger-bahnhof.de
Tue-Fri 10:00-18:00 Sat & Sun 11:00-18:00
休館日 Mon 毎月第1日曜日入場無料

コンテンポラリーを見たければまずここへ。

Ⓔ Vitra Design Museum Berlin

Kopenhagnerstrasse 58, 10437
U2, S4, S8 Schönhauser Allee
030/437 77 70
www.design-museum.de
Tue-Sun 11:00-20:00 Fri 11:00-22:00
休館日 Mon

ファンなら悲鳴を上げそうな作品構成。ショップも充実。

3·11 舞台を観る
das Theater ダス テアーター

今晩は何をやっていますか?
Was wird heute abend gespielt / gegeben(オペラの場合)**?**
ヴァス ヴィルト ホイテ アーベント ゲシュピールト / ゲゲーベン?

— モダンダンスです
Moderner Tanz.
モデアナー タンツ

当日券はありますか?
Haben Sie noch eine Karte für heute?
ハーベン ズィー ノッホ アイネ カルテ フュア ホイテ?

— 開演30分前に売り出します
Wir verkaufen sie erst dreißig Minuten vor Aufführungsbeginn.
ヴィア フェアカオフェン ズィー エアスト ドライスィヒ ミヌーテン フォア アオフフュールングスベギン

予約なしで観られますか
Kann ich auch ohne Reservierung eine Karte bekommen?
カン イヒ アオホ オーネ レザヴィールング アイネ カルテ ベコメン?

— 列に並んでください
Bitte stellen Sie sich an.
ビッテ シュテレン ズィー ズィヒ アン

一番安い席をください
Ich möchte gerne die billigste Karte.
イヒ モェヒテ ゲァネ ディ ビリヒステ カルテ

— 何枚ですか?
Wieviele Karten möchten Sie?
ヴィフィーレ カルテン モェヒテン ズィー?

何時に始まりますか?
Wann fängt es an?
ヴァン フェングト エス アン?

— 19時です
Um neunzehn Uhr.
ウム ノインツェーン ウーァ

出し物は何時間ですか?
Wie lange dauert die Aufführung?
ヴィー ランゲ ダオアート ディ アオフフュールング?

— 2時間半で間に15分休憩があります
Sie dauert zweieinhalb Stunden mit fünfzehn Minuten Pause.
ズィー ダオアート ツヴァイアインハルプ シュトゥンデン ミット フュンフツェーン ミヌーテン パオゼ

| ベルリンで遊ぶ | Kapitel 3

3·12 観光する
Sightseeing サイトスィーイング

あそこへは登れますか?
Kann man raufgehen/rauffahren?
カン マン ラォフゲーエン/ラォフファーレン?

—天気のいい日が良いですよ
Mach das besser, wenn das Wetter gut ist.
マッハ ダス ベッサー, ヴェン ダス ヴェター グート イスト

ここで写真を撮ってもいいですか?
Darf ich fotografieren?
ダァルフ イヒ フォトグラフィーレン?

—フラッシュなしでならいいですよ
Sie dürfen nur ohne Blitz fotografieren.
ズィー ドュルフェン ヌァ オーネ ブリッツ フォトグラフィーレン

どれくらい待ちますか?
Wie lange muss man warten?
ヴィー ランゲ ムス マン ヴァルテン?

—ちょっと分かりません
Keine Ahnung.
カイネ アーヌング

Spalte | ティアガルテン ── ベルリンの森

　東西ベルリンを隔てていた壁の中で、最もTVに多く映っていたのはブランデンブルク門を塞いでいた壁だったと思う。このブランデンブルク門を西側へ通りぬけてあるのが広大な Tiergarten (ティアガルテン)。「動物の庭」の文字の通り、古くは狩り場だったというこの土地は、公園というには広大過ぎて森と呼べるほど。草木の匂いに包まれて散歩すれば、悠々2時間は過ぎてしまうんじゃないかしら？ 所々に卓球台（ドイツの公園では定番）もあったり、バーベキューエリアではトルコ人の家族がワイワイ憩いの時間を過ごしてたり、広いだけあってティアガルテンはいろんな表情を持っています。春の芽吹きの時期は真っ先にティアガルテンに行って、顔を出したばかりの黄緑色の新芽を見つけに出かけます。

あとがき Nachwort

　わたしは、この15年間、住みたい都市はどこ？という話題になると、ベルリン、東京、NYと答えます。しかし、東京、NYは仕事を考えてですが、ベルリンは自分のため、精神的に安らぐ街なのです。特に東京で過密スケジュールをこなしてからのベルリンでの休暇は格別。

　共著のふみえちゃんに出会ったのも、そうして過ごしていた2000年の夏休みでした。普段はまったく寄りつかないバーで友人と待ち合わせをしていると、同じような境遇で隣に座っていたのが彼女だったのです。その後も近所に住んでいるわけでもなく道端で出会うなどの偶然が重なり、その後一緒に行ったクラブで選曲の悪さに悪態をさらし意気投合。素晴らしい友人を得ました。今では、最も新作の待ちどおしい大好きなアーティストの一人でもあります。

　ベルリンは今、ヨーロッパで唯一、工事現場の多い都市。でも、それらは必ず期待を含む新しい変化や仕事を見ることができます。あらゆる公共の場は、都市設計が人のためにあるという完璧に近いシステムも見ることができます。車イスでも自転車でも子供でも老人でも、みんな同じように移動しているように思えるのです。

　そして、何より音楽や美術、夜遊びの好きな人には楽しい街でしょう。夜中や明け方まで気が済むまで遊び、一人で歩いて帰るのも気持ちが良い。NYやパリのような冷やかしも一度もなく、東京のようなバリバリと大きな音で追い越していく車やバイクなどもない。

　少し郊外へ行けば森や湖を散歩できます。友人達とボートを借りて湖の真ん中まで漕ぎ、男女問わず一糸まとわぬ姿でダイブして泳いだ事もわすれられません。誰もじろじろ見たりすることもなく、畔でも子供から老人まで真っ裸。短い夏の醍醐味でしょう。なんとなく日本特有のモラルやしがらみから旅立つと天国的な自由を感じることがあるのです。

　理想の父親、楽しい友人、仕事を理解してくれる良き恋人、ベルリンは私にとってそんな存在、唯一の場所です。

Hamiru・aqui

著者紹介 Autor

辻　ふみえ　Fumie Tsuji

東京にて活動していたバンドの解散、結婚を機に2000年2月から夫婦で旅に出る。道中知り合ったドイツ人（なんとみんなベルリン出身だった）と意気投合したのをきっかけに、東南アジア、ネパールを経由した後、旅を中断、ベルリンに辿り着く。同年10月ひょんな出会いからベルリン在住のイギリス人Fleckと知り合いFleckfumieを結成、ベルリンを拠点に音楽活動を再開。
2002年、BEAMS RECORDSよりミニアルバム『OUT OF ORDER』(BBR-C-6009)、2003年、AFTERHOURSよりフルアルバム『ausland』(AH042)を発表。2003年末にエストニアのレーベルKohvirecordsよりEPレコードを、2004年夏にAFTERHOURSより2ndアルバムをリリース予定。
ライブ、レコーディング活動の傍らHPや雑誌のコラム等への執筆活動も緩やかに進行中。現在ベルリンガイドのユニットを結成、Berlinlocalにてベルリンの新しい情報、提案などを提供している。
また、本書のコラム、写真、おすすめmapは彼女の手によるものである。

Fleckfumie HP: www.fleckfumie.com
Berlinlocal HP: www.berlinlocal.de

ハミル・アキ　Hamiru・aqui

墨による独自の作品を発表する美術家でありながら、ショップやレストラン、出版物などにおける完成度の高いアートディレクションでも注目されている。
伝統的な日本の美意識と西洋の影響を受けた現代的な感性を融合させた作品群は、まったく新しい日本の美を生みだしているとともに、先鋭的な思想をも表現。
書から出発した彼女の表現は墨を用いた平面作品にとどまらず、言葉そのものが持つ意味や形態、音といったものをモチーフにした他に類のない実験的な作品も発表。
また、彼女が手掛けるアートディレクションにおいては、"名前と空間、モノとの関係性"をコンセプトに斬新なプロジェクトを展開。言葉から喚起される感覚や記憶、風景、ユーモアなどを総合的にひとつの環境として表現している。前衛的でありながら流行に左右されない彼女の作りだす空間やプロダクトには、彼女のアーティスティックな感性が色濃く反映されている。

Danke an: Kai, Nick, Julia, 中西麻美, 和志祐三子, 西海洋介

ドイツ語校閲：Sigrid Stoffels
写真：辻　ふみえ
挿画：ハミル・アキ
装丁・本文デザイン：秋田康弘

SANSHUSHA の楽しい**ドイツ語**シリーズ Viel Spaß!

起きてから眠るまでの
楽しい**ドイツ語**フレーズ

祐子・タム / ハミル・アキ 著
定価 本体**1,400**円+税

**子供と一緒に 家庭で、食卓で、旅先で…
きっと役立つ言葉のかずかず。**

普通の家庭での朝起きて、夜眠るまでの子供を中心にした会話と生活のエピソードです。これだけおしゃべりできれば、日常生活に困ることはないでしょう。ぜひ声に出して読んでください。ドイツ語が堅苦しいというイメージがきっと取り払われるでしょう。

ドイツ語で綴る
楽しいお手紙

杉本モニカ / 吉満たか子 著
定価 本体**1,400**円+税

**ありがとう！ おめでとう！ がんばって！…
いろいろな気持ちを便せんに綴ってみませんか。**

郵便受けに手紙を見つけた時の喜び、特に外国からの航空便が届いた時などは、手紙でしか味わえないものでしょう。本書がドイツ語で手紙を書く際の一助となることを、そしてその手紙が心のこもったメッセージとなることを願ってやみません。

おいしく食べて
楽しい**ドイツ語**

祐子・タム 著 / ハミル・アキ 画
定価 本体**1,400**円+税

**ドイツの家庭から届いた おいしいメッセージ。
〜簡単レシピ付き〜**

従来のこってりとしたドイツ料理よりも、むしろ私が普段つくって食べている日本人の口に合いそうな料理をご紹介します。季節ごとにいろいろな場所に行って、旬のものが食べられる、ドイツの食の参考書として、そして、ついでにドイツ語を楽しむ本としてご活用ください。